葛存山 / 著

微店赚钱一册通

开店 · 营销 · 推广　实战全攻略

人民邮电出版社
北京

图书在版编目（C I P）数据

微店赚钱一册通 ： 开店+营销+推广 ： 实战全攻略 / 葛存山著. -- 北京 ： 人民邮电出版社, 2015.3
ISBN 978-7-115-38530-7

Ⅰ. ①微… Ⅱ. ①葛… Ⅲ. ①网络营销－基本知识 Ⅳ. ①F713.36

中国版本图书馆CIP数据核字(2015)第030041号

内 容 提 要

本书是一本解密微店赚钱的技巧大全。本书包括什么是微店、微店的优势、微店中的品牌定位、常见微店平台、微店卖什么商品赚钱、发布前的商品图片拍摄与处理、微店注册及设置、在微店发布并推广商品、在微店购物、在云商微店网开店、开设拍拍微店、通过微信内容获得粉丝的秘诀、用微信公共账号推广、获取精准粉丝的途径、让买家快速下单的秘诀及微店创业成功案例等内容。

本书适合想要拥有自己的微店的读者阅读，也适合已经成为微店卖家的读者参考。

◆ 著　　　葛存山
　责任编辑　赵　轩
　责任印制　张佳莹　焦志炜

◆ 人民邮电出版社出版发行　　北京市丰台区成寿寺路 11 号
　邮编　100164　　电子邮件　315@ptpress.com.cn
　网址　http://www.ptpress.com.cn
　北京方嘉彩色印刷有限责任公司印刷

◆ 开本：720×960　1/16
　印张：17
　字数：270 千字　　　　2015 年 3 月第 1 版
　印数：1 – 4 000 册　　　2015 年 3 月北京第 1 次印刷

定价：49.00 元

读者服务热线：(010)81055410　印装质量热线：(010)81055316
反盗版热线：(010)81055315

前言

进入了网络信息迅速发展的 21 世纪之后，我们会发现网络给我们的生活带来了巨大的变化，网络购物也日渐火爆。与此同时，许多网店也如雨后春笋般林立于各大网站。之前做淘宝网上开店的，如今都是满载黄金而归了。企业之间的竞争已经从传统互联网转移到了手机端，人们从 PC 上解放出来，只要带上手机就可以随时随地通过移动互联网做生意，这就是微店带来的商业革命。现在很多企业都意识到了微店中存在着商机。微店正呈爆发式增长，现在很多企业正在或准备搭建自己的微店，这不是简单的跟风，而是移动互联网时代的必然趋势。据统计，自微店创建以来，短短几个月的时间，已有几千万的用户开了微店，速度真的令人惊叹啊。

微店之所以发展得如此之快，必然是有其过人之处。开微店十分方便快捷，只需要一个微信号、一个手机号和一张银行卡即可。微店是基于微信平台的网上商店，可以充分利用朋友圈的资源。利润会像滚雪球那样越滚越大，许多人靠着这棵摇钱树发财致富，在自主创业的道路上一帆风顺地走了下去。为了帮助更多的企业和个人掌握微店赚钱的技巧，我们编写了本书。

本书主要内容

如今成千上万的没有经商经验、不懂商业模式、没资金、没店面、没人脉、没经验的人都开起了微店并获取了可观的利润。还在创业路口上徘徊着的你，还在犹豫什么？赶快行动起来吧，下一个微店达人也许就是你！

本书是一本解密微店赚钱的技巧大全。本书包括什么是微店、微店的优势、微店中的品牌定位、常见微店平台、微店卖什么商品赚钱、发布前的商品图片拍摄与处理、微店注册及设置、在微店发布并推广商品、在微店购物、在云商微店网开店、开设拍拍微店、通过微信内容获得粉丝的秘诀、用微信公共账号推广、获取精准粉丝的途径、让买家快速下单的秘诀、微店创业成功案例等内容。

本书的特色

本书主要有以下特色。

- 内容全面、权威。本书涵盖微店操作的方方面面，例如移动电商发展趋势、微店开店操作方法、吸引粉丝关注、成功案例分析等，内容全而强。
- 图文并茂，实用性强。本书配有丰富、直观的插图，带给读者良好的阅读感受，更利于读者快速掌握微店操作方法，极具实操性。
- 本书收录的都是作者在微店开设运营过程中经验积累的精华总结，涵盖了开店过程、开店平台、推广策略、案例等许多细节问题。
- 本书不空谈理论，因为看似讲得头头是道的真理，往往并不能让人知道自己该怎样去实际操作。本书结合大量真实案例为读者揭示成功的秘密，打开微信营销思维。
- 三大微店平台：书中介绍了最常见的微店平台的开店过程，包括口袋购物的微店网、okwei 微店网和拍拍微店。
- 案例分析：最后通过实际的微店案例并结合相应的理论知识，帮助读者逐步掌握微店的开设技巧。

本书适合读者

本书定位为实战，适合想开微店的淘宝店主、企业白领、创业草根、在校学生、下岗职工、自由职业者、有空闲时间的人员、家庭主妇等读者阅读。

在本书编撰的过程中，得到了多家品牌企业的支持，并得到了他们给出的大量专业的建议。同时，本书也获得了多位微信营销专家的帮助，他们贡献的大量心得，使得本书在编撰时获得多次的提炼。感谢他们的无私帮助。

目录

第1章　微店会成为下一个淘宝吗

比尔盖茨说过："21世纪要么电子商务，要么无商可务！"据不完全统计，目前微信的使用量已经超过6亿用户，因为微信的普及，短短一年多的时间，微店的发展速度迅猛。比如依靠微店销售自有品牌减肥产品的90后萌妹子李萌，仅仅一年就将生意做到了月销售额七八十万，净利润四五十万；仅仅几个月，前教育媒体人"哈爸"专卖儿童读物的微店，日销售额突破了3万3。仿佛一夜之间，这种曾经在淘宝初期出现的励志创业故事开始重新涌现，只不过主角从淘宝换成了微店。

1.1 中小型网店遭遇生存困境

2003 年 5 月，淘宝网成立，在其推出的一系列免费措施的吸引下，大批易趣卖家也开始进驻淘宝。在淘宝成立 1 年后，淘宝网交易额已经位居国内电子商务网站第一。

随后，经过几年的不断完善和升级，淘宝以全额赔付制度、便捷的支付方式以及人性化的及时沟通成为世界最大的网购平台。超高的人气指数、免费入驻以及对卖家的各种扶持政策，也使淘宝网成为一大批草根族创业的理想摇篮。一时间，大学生、下岗工人、城市白领甚至是家庭主妇纷纷在淘宝注册开店，期望在淘宝上实现自己的创业梦。

在 2005 年—2010 年时期，淘宝处于快速发展期，网店相对来说竞争还没有那么激烈，资金投入相对也比较小，只要兢兢业业经营，通过网上开店实现致富相对来说还可以操作。近年来网店的状况又如何呢?

随着各种商家在淘宝网开店，经营内容和营销形式同质化严重的问题愈加突出，电子商务竞争越来越激烈，通过网店赚钱不是很容易。“开网店易，经营网店难”成为不少网店经营者的切身感受，2013 年 1 月发布的《中国企业电子商务 IT 建设报告》显示，国内每天约有 10000 家网店被迫关掉。

近年来，流行在网店的“职业好评师”和“职业差评师”成为网络造假的代名词，甚至“刷信誉”成为网店经营的潜规则，这就造成了消费者对经营者的信任危机。有些网店经营者甚至雇佣“职业好评师”刷信誉，二者捆绑成为利益共同体，共同欺骗消费者。一系列的造假行为损害了中小型网店的信誉度，也加速了它们的“死亡”。一些刷信誉的平台如图 1-1 所示。

图 1-1 刷信誉的平台

另外，随着天猫的启动，完全免费的时代已经过去，加之竞争日益激烈，店主为吸引眼球，开始进行各种网络推广和网店“装修”，动辄上千元的推广费用也让网店新手望而生畏。随着运作的日渐成熟，淘宝、京东商城等电子商务网站对经营者推出的增值服务也越来越多，比如淘宝客、直通车、聚划算、钻石展位等，每一项的收费从数百元到几千元不等，增值服务对提高网店的影响力起到了一些积极作用，同时也提高了小网店主的经营成本。淘宝推广工具如图 1–2 所示。

图 1–2　淘宝推广工具

1.2　移动电商开启新商机

移动互联网作为一个新行业正逐渐渗透到人们的生活和工作的各个领域，手机短信、微信、移动音乐、手机游戏、手机视频等丰富多彩的移动互联网应用迅速发展，正在逐步地改变信息时代的社会生活。

截至 2014 年 6 月，我国网民人数达 6.32 亿，其中手机网民达 5.27 亿，较 2013 年年底增加 2699 万人，网民中使用手机上网的人群占比提升至 83.4%，相比

2013年年底上升了2.4个百分点。手机网民规模继续保持稳定增长，高于其他上网设备的使用比例，这意味着手机依然是中国网民增长的主要驱动力。

手机相对电脑的技术门槛更低，是互联网向农村地区、低收入群体渗透的重要途径。在手机上网普及过程中，运营商的推动作用还将继续存在，通过网络套餐和3G、4G号码的推广宣传活动促进手机用户向手机网民用户的转换。

基于移动互联网的快速扩张，网络经济取得了飞速发展。一个具有生命力的产业应该具备商业化的能力。移动互联网相比传统互联网，具有移动化、碎片化和个性化特点，全方面贴近用户生活的各个方面，带来了商业模式上的发展和改变。

根据eMarketer的统计数据发现，2013年美国移动端的电子商务交易额达388.4亿美元，比2012年的248.1亿美元增长56.5%，预计到2017年移动商务交易额将高达1085.6亿美元，如图1–3所示。

图1–3 美国移动端的电子商务交易额

2014 年的“双十一”网购以再创纪录的业绩落下帷幕，天猫“双十一”购物狂欢节实现 571 亿元交易额，阿里巴巴移动端成交额达到 243 亿，是去年移动交易额的 4.54 倍，占总成交额的 42.6%，刷新了全球移动电商单日成交纪录。京东当日的移动下单量占比也超过 40%，下单量是去年同期的 8 倍。

3G、4G 网络和智能手机的普及，手机上网体验的改善，电商网站不遗余力开发移动端产品，吸引消费者使用移动端购物，手机网民数量大幅增加，消费者开始形成了在移动端购物的习惯。

这些因素使得移动电子商务高速发展成为必然。2013 年，我国移动电子商务市场交易规模达到 2325 亿元，同比增长 141%，依然保持快速增长的趋势。根据前瞻对电商市场研究和未来市场发展的预测，未来我国移动电子商务市场交易规模依然将保持较高的增长速度。未来 2 ~ 3 年移动电子商务市场交易规模增速有望保持 70% 以上。

不仅是平台，商家、第三方服务商等整个电商行业都在加速转向移动互联网。移动互联网时代，电商是最早一批尝试将流量变现的行业之一，微信先是开放接口开启微信开店模式，随后自己推出微信小店；刚刚完成上市的京东进驻微信；拍拍网紧接着推出微店平台。

与此同时，资本也开始涌入该行业，2014 年 10 月份，口袋购物宣布获得 3.5 亿美元 C 轮融资，投资方包括 HCapital、老虎基金、DST 以及腾讯等，其中腾讯投资 1.45 亿美金，占股比例达 10%。

移动互联网的便携性、定位性、多元化等特点，促进新的商业模式发展；另外，其媒体属性也开始显现，营销潜力巨大。移动互联网可以使网民更及时地收到最新资讯，通过广告投放等方式，可以进行更广泛的营销。

1.3 商家纷纷试水微信营销

随着应用人群的不断拓展，不仅手机用户爱玩微信，不少商家也把微信当成销售和产品推广的营销利器。可以说，我们的生活正在因为微信而悄然发生改变。

作为移动互联网的重要入口，微信成了智能机用户的一项全民运动，随着微信公众平台功能的不断完善及技术的提升，微信营销成为企业竞相角逐的新领地。尤其对于传统商业而言，微信营销不仅为商家拓展了新的营销渠道，节约了推广成本，还增强了用户线上线下的互通体验，推动企业的发展。

现在，微信正在渗透人们生活的方方面面。同时，随着微信的流行，不少商家也开始纷纷试水微信营销。

微信营销是网络经济时代企业对营销模式的创新，是伴随着微信的火热产生的一种网络营销方式，微信不存在距离的限制，用户注册微信后，可与周围同样注册的"朋友"形成一种联系，用户订阅自己所需的信息，商家通过提供用户需要的信息，推广自己产品的点对点的营销方式，如图 1–4 所示。

图 1–4 商家提供用户需要的信息

相对互联网传统方式，微信营销在终端运营上成本开支较低，这为中小型企业的发展和转型节约了大量开支，使得企业配合营销开展运作更加顺畅，终端运营更具有快速性，低成本下的多种形式传播，为企业信息的宣传推广传播提供新平台。微商城购物如图 1–5 所示，在微信上开通的微商城购物大大降低了企业成本。

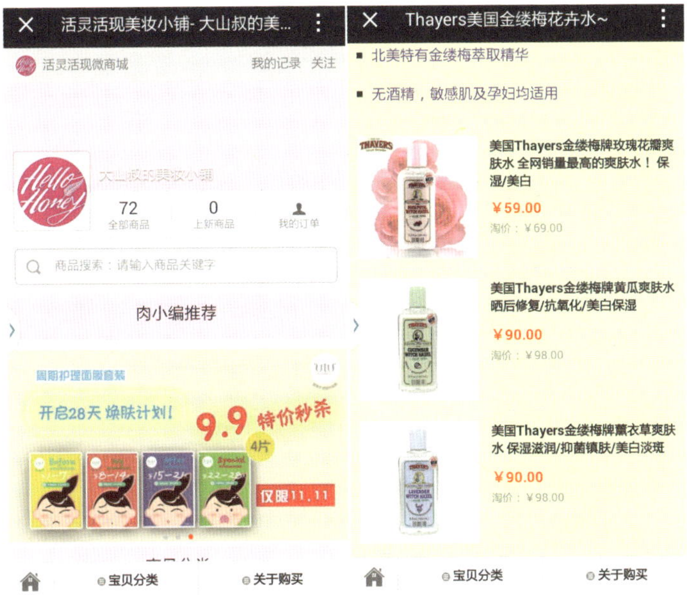

图 1-5 微商城购物

微信让营销模式低成本、高适应性、易传播，正日益受到各商家的重视，随着 80 后、90 后逐渐成为消费者主力群体，这种二维码的销售方式既方便了企业业务的推广和传播，也为用户提供了最便捷的消费通道。二维码营销如图 1-6 所示。

图 1-6 二维码营销

微信营销的意义还在于实现自我分裂式的推广，微信推广的成功率在 90% 以上，其推广的目标人群来自于好友、手机通讯录和朋友圈，这些圈中的信任建立是可靠的。微信的朋友圈推广商品如图 1–7 所示。

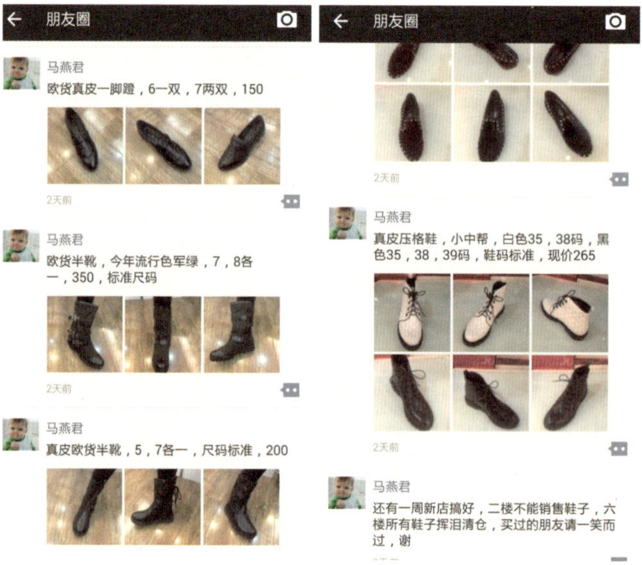

图 1–7 微信的朋友圈推广商品

现在很多企业都意识到了微信中存在着商机。微信营销需求正呈爆发式增长，现在很多企业正在或准备搭建自己的微信公众平台，这不是简单的跟风，而是移动互联网时代的必然趋势。

1.4 什么是微店

过去的几十年时间，我们经历了一次又一次购物体验的重新洗牌。先是百货商场的出现，紧接着是各种大小型超市、专卖店，而现在，随着社会生活节奏加快，电子商务日趋发达，网络购物已经成了人们日常生活中必不可少的环节。

随着时代的变迁，移动互联网蓬勃发展。各种微店犹如雨后春笋般随处可见。这是一种新时代的商机，但是微店是什么？

微店就是基于微信平台的电子商务，类似于在淘宝开店。是手机端的电子商务平台，它方便、简洁、更实用，它区别于传统的 PC 平台的电子商务。只需用手指轻轻一点，消费者就可以随时随地关注你的商品动态，商家更可以在第一时间与顾客进行心贴心的沟通，了解他们的需求。悦己印象微店的微商城如图 1–8 所示。

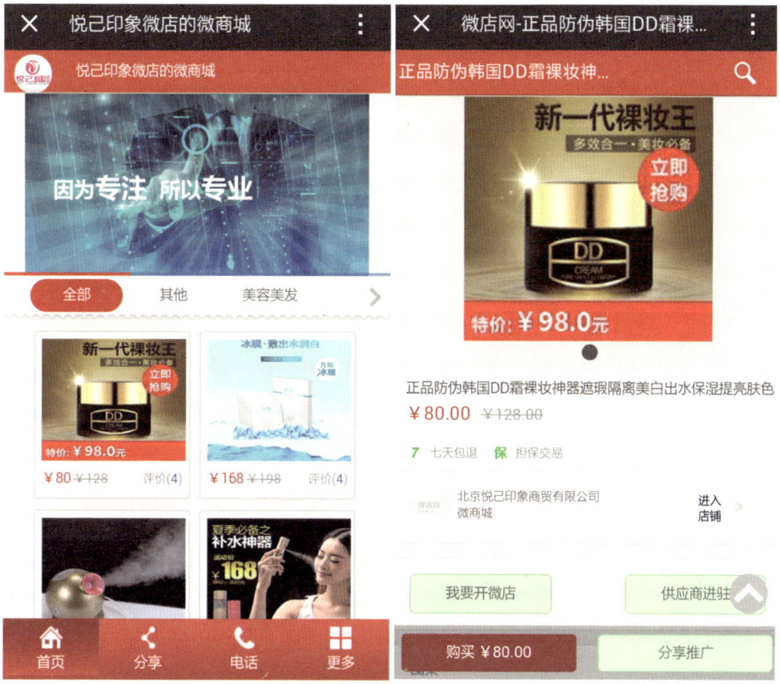

图 1–8 悦己印象微店的微商城

目前微店建店平台有很多，例如做得最早的“口袋购物微店”、微信官方推出的“微信小店”，以及京东网旗下的“拍拍网微店”。

通过这些建店平台工具，或许能了解到目前微店的火爆程度：据口袋购物微店创始人兼 CEO 王珂透露，截止到 2014 年 9 月，其上线仅 5 个月的微店平台已经有超过 1200 万家店铺入驻，成交额已经达到 150 亿；而在 2014 年 10 月才推出微店工具的京东拍拍，目前平台上装修好并开始运营的拍拍微店也已经超过了 1 万家。

口袋购物日前刚宣布完成了 C 轮 3.5 亿美元的巨额融资，其中腾讯投资了 1.45 亿美元；2014 年 3 月，腾讯入股京东，并将 B2C 平台 QQ 网购和 C2C 平台拍拍网，以及易迅网少数股权打包卖给了京东，6 月 5 日，已是京东集团旗下子公司的拍拍网开启微店；微信小店则是由微信公众平台官方推出的微店工具，开通有三个先决条件：必须有服务号，必须开通微信支付接口，服务号和微信支付必须都有企业认证。

1.5 微店有哪些优势

打开互联网搜索引擎，输入关键词“微店”进行查找，与“微”字有关的商业平台不胜枚举。微店营销已成为一种新兴的商品经营模式。微店是未来发展的重要途径。无论传统实体店、网店、中小卖家、上班者，还是个人都适合开设微店，微店有哪些优势呢？

（1）开店成本低。

传统电商保证金需要好几万，年服务费也要 1 万多，目前微店网的入驻费用远远小于传统电商。

（2）先进的商业模式。

微店网独特的商业模式，引起了大批网民的参与。微店的爆发式增长，得益于其独特先进的商业模式。 微店网把传统网商从繁琐的网络推广中解放出来、个人网民也省去了找货源之苦，是互联网分工进一步细化的体现。

（3）数据统计让一切尽在掌握之中。

微店提供详尽的粉丝数据和店铺流量数据，让卖家以数据的方式来观察自己的生意，你将有机会发现真正的潜力或者网店存在的问题。

（4）拥有简单易用的商品管理功能。

微店提供强大的商品管理功能，卖家们可以随时随地地对商品进行分类、下架、置顶热门等操作管理。强大的商品管理功能如图 1–9 所示。

图 1-9 强大的商品管理功能

（5）裂变式传播方式。

一键分享到朋友圈，如图 1-10 所示。微店主发布一条消息，他的朋友圈的所有朋友都能同时接受，其朋友再一键转发至自己的朋友圈，其传播速度和传播广度远远高于之前任何一种网购平台。

（6）介绍朋友开微店。

介绍身边的亲戚朋友开微店，他们就成为了你的分销商，分销商越多，你的商业影响力越庞大。另外，打理微店可以在业余的时候通过 QQ、博客分享、论坛分享等将信息发布出去，就有佣金收入了。就相当于帮助身边的人找到了一份清闲的兼职，为他们创造额外收入。

图 1-10 一键分享到朋友圈

（7）能轻松地创建互动。

用户能在微信中轻易地搜索到出售的宝贝，同时卖家还可以和用户开展有趣的互动，增加与用户的密切度和信任感。甚至有些卖家还设计了许多有趣的连续问答有奖活动，刺激用户对自己的关注。相对于传统网购平台来说，微店具有双向的特性，真正实现了网络交易的直接反馈。从这个角度上来说，微店对于宣传推介、商品推广有特殊的价值和意义。

（8）为企业提供可持续发展。

微店为企业提供可持续、可扩展、可积累的线上销售渠道，供应商把产品发到微店网，就有无数的微店为其推销产品，他只需做好产品、客服、售后即可，推广交给微店去做。

（9）能够更好地推广自己的产品。

可以通过各类有趣热门的话题吸引顾客，让更多的人知道、了解你的店铺，更好地推广你的产品。

（10）机遇大，选择多。

我们经常会看到“朋友圈卖面膜，月入 10 万”、“微信卖水果，月卖 3000 斤”，这样的案例在朋友圈疯狂被转载，出于用户体验的考虑，虽然微信不得不对这些恶意的营销者说“不”，但并没有真正把这些个体创业者之路堵死，反而给了更多想借助微信创业的人更多的机会。

第2章 常见微店平台

对于大多数微商而言，他们都是使用建店工具开设一个店铺，然后把店铺里的商品通过微信分享到公众账号或者朋友圈。这些建店工具有很多，例如做得最早的“口袋通”、“口袋购物微店”、微信官方推出的“微信小店”和京东旗下的“拍拍网微店”。

2.1 口袋通

口袋通是一套强大的微店铺系统，为商家提供了完整的微电商解决方案。使用口袋通，可以快速、低成本地搭建一个微商城。口袋通提供了全套的商品管理、订单管理、交易系统、会员系统、营销系统。另外，口袋通提供的店铺页面管理系统可以自由地定制你的商城，几乎每一个页面都可以自定义。口袋通的所有服务全部免费，口袋通网站如图 2–1 所示。

图 2–1 口袋通网站

口袋通和微信（微博）并没有直接联系。不过，通过把微信（微博）账号绑定到口袋通店铺上之后，微信（微博）则成为店铺面向粉丝的重要出口。换句话说，账号绑定后，就可以把店铺经营到微信（微博）上。向粉丝推送活动通告、上新通知，和粉丝直接交流和沟通，粉丝可以直接在微信（微博）APP 内点击进入你的店铺、浏览商品并完成最终的购买。

更重要的是，口袋通提供了十分强大的客户管理系统，可以对你的每一个粉丝进行分组、打上特定的标签，更加有针对性地进行消息推送。

在口袋通建好店铺后，就可以将店铺的页面（包括店铺首页、商品页等）分享到你的朋友圈，你的好友看到后就可访问你的店铺，进行购买。如果你有微信公众号，则可以向粉丝推送图文消息，引流到口袋通店铺。

在口袋通开店的商户如图 2-2 和图 2-3 所示。

图 2-2 在口袋通开店的商户

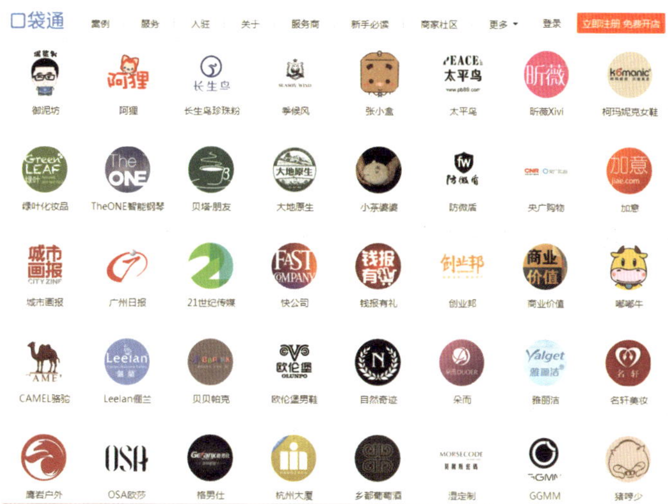

图 2-3 在口袋通开店的商户

在口袋通开店的阿芙精油品牌界面如图 2-4 所示，作为中国精油护肤第一品牌，一直倡导“得花材者得天下”。

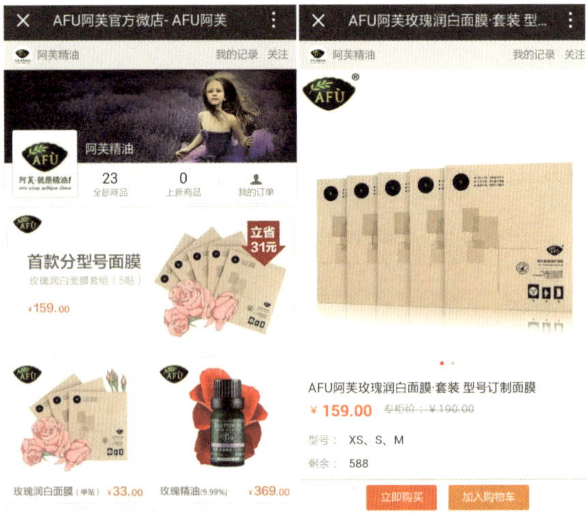

图 2-4 在口袋通开店的阿芙精油

2.2 京东微店

京东的第三方商家只需提供 QQ 号和微信 ID 即可方便入驻京东微店，通过京东商家后台对商品、订单、结算、售后进行统一管理，无需额外增加运营成本，同时尽享来自微信、手机 QQ 两大购物入口的流量红利。京东微店平台如图 2-5 所示。

图 2-5 京东微店

京东微店面向所有京东第三方商家开放。入驻京东微店的商户如图 2-6 所示。

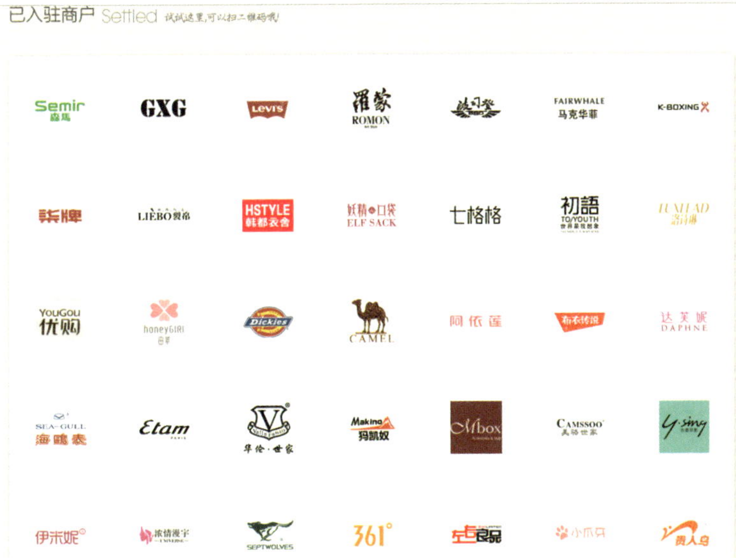

图 2-6 入驻京东微店的商户

京东微店具备以下五大优势。

第一，入驻零成本。简化的入驻流程，令京东第三方商家零门槛入驻。

第二，运营零成本。商家可使用京东数据在后台统一进行京东微店的店铺装修、商品管理和交易管理，无需重复装修和管理。

第三，丰富的支付方式组合。针对不同购物场景，京东微店提供了微信支付、QQ 钱包支付、网银及货到付款等多种灵活支付手段，并在京东后台进行统一结算、退款等操作。

第四，独一无二的流量优势。来自京东在微信、手机 QQ 的流量，可帮助解决商家对于微店经营的流量困扰，降低经营成本，带来多元化用户群。

第五，多样化的店铺模板。京东微店根据不同商家需求，设计了多种店铺装修模板，商家可根据需要自由组合，快捷生成和管理个性化店铺。

京东微店帮助商家以最低成本开通属于自己的微店，并提供独立空间自主安排运营、店铺推广和广告投放等工作，分享来自微信、手机 QQ 两大入口的巨大流量，在移动电商大潮中占据先机。

2.3　拍拍微店

2014 年 10 月 14 日，京东旗下的 C2C 平台拍拍网宣布，基于移动端的拍拍微店将于近期正式面向拍拍网上的所有企业和个人商家开放，商家可以申请拍拍微店的开通及装修。拍拍微店如图 2–7 所示。

图 2–7　拍拍微店

据介绍，在前期的内测阶段，拍拍微店的订单中有 40% 来自于微信，20% 来源于手机 QQ 场景，还有 40% 则来自于空间、微博、论坛等渠道。

除了引流之外，在支付环节，拍拍网将为所有开通拍拍微店的商家提供统一的微信支付功能，即消费者可以通过微信支付在拍拍微店购物，货款统一支付到拍拍账户，消费者收到货并满意后，再由拍拍支付给商家。这一流程类似于淘宝与支付宝的配合。

拍拍微店将会为商家提供无线广点通自主引流工具，帮助商家低成本地精准引流。未来拍拍微店将主要帮扶小微企业和个人商家的发展。拍拍微店不仅将通过 APP 为个人商家提供更加便捷的开店工具，而且还将通过支付担保的模式来确保消费者的权益。

2.4 中兴微品会

深圳微品致远信息科技有限公司旗下“中兴微品会”是一个主要基于移动端的创新型的精品电商平台，由中兴通讯股份有限公司控股子公司深圳微品致远信息科技有限公司运营。其在业内首创 B2C2C 模式，将“品牌企业 – 线上店家 – 消费者”这三个角色有机统一起来。下载名为“中兴微品会”的 APP 软件，即可零成本开店，轻松成为老板，添加自己喜欢的商品，向朋友和社交圈推广，成交即可获得返利。这个模式节省了企业销售产品的渠道费用，同时对于 APP 用户即店家来说，开店无门槛，也省去了进货、发货、售后等各种烦心事，也让消费者得到更多的购物便利和优惠。中兴微品会平台如图 2–8 所示。

图 2–8 中兴微品会平台

2.5 开旺铺

开旺铺 APP 为用户提供了最棒最丰富有趣的购物体验，留住你的忠实粉丝的同时，带来更多的收入，支持 iPhone 和安卓版本 APP。开旺铺平台如图 2-9 所示。

图 2-9 开旺铺平台

通常会安装 APP 的都是认可品牌定位的用户。可以通过 APP 抓住你的忠实粉丝和潜在粉丝。

不仅你的移动商店可以通过开放 API 连接到您现有的网上商店，甚至其他设备，比如自动售货机、交互式触摸屏、游戏机……都可以成为你的销售终端。一个属于你商店的开放 API 平台也随之建立，任何第三方应用都可以成为你的销售渠道。 而你仍然在原来的后台管理所有的商品、类目、订单和优惠券。移动终端实时地从后台读取商品信息，写入移动用户的订单信息。

2.6 微信小店

2014 年 5 月 29 日，微信公众平台宣布正式推出“微信小店”，将形形色色的小店搬进微信里。登录微信上的服务号，即可获得轻松开店、管理货架、维护客户的简便模板。这不但让曾经的那句“微信，不仅仅是聊天工具”成为现实，也让移动电商大战正式拉开战幕，“微信小店”一经推出便引发热议。

“微信小店”的开通方式很简单，只要已经是获得了微信认证的服务号，即可自助申请。“微信小店”基于微信支付来通过公众账号售卖商品，可实现包括开店、商品上架、货架管理、客户关系维护、维权等功能。商家通过“微公众平台推出微信小店”功能，也可为用户提供原生商品详情体验，货架也更简洁。

2.7 口袋购物的微店

口袋购物是一款移动平台的推荐购物类应用软件，主打个性化和精准化的商品推荐。功能包括热门的商店推荐，根据用户的个人喜好寻找商品，每天精选潮流热卖商品，帮你一站式购买淘宝、天猫、京东、凡客、苏宁等商城的商品，随时随地发现又好又便宜的宝贝。

微店 APP 于 2014 年 1 月初上线，很快获得了关注，并迅速传播。两周时间内，微店 APP 即登上 App Store 排行榜 TOP10。按王珂披露的数据，到 2014 年 9 月份，微店覆盖 172 个国家，吸引了超过 1200 万家店铺入驻，月独立访客 8300 万，成交额 150 亿。口袋购物的微店平台如图 2–10 所示。

图 2–10 口袋购物的微店平台

口袋购物的微店平台优势。

1. 垂直产品矩阵

口袋购物旗下拥有口袋购物、今日半价、美丽购等知名应用，为您带来多重流量。

2. 多种渠道推广

帮您的商品出现在口袋旗下各个应用的各种场合，为您带去源源不断的订单，风险低、效果好。

3. 合作伙伴

优质的合作伙伴保证了我们支付安全、货到付款的实现，以及交易安全的保证。

2.8 云商微店网

微店网由深圳市云商微店网络技术有限公司运营。开微店无需资金成本、无需寻找货源、不用自己处理物流和售后，是最适合大学生和上班族的兼职创业平台。

微店网是全球第一个云推广电子商务平台，专注为两种客户服务：第一，为个人提供创业平台——每个网民用 QQ 或微信或百度登录，马上拥有自己的微店，即获得了整座云端产品库的产品销售权，无需处理货源、发货、物流等棘手问题，就可以从交易中赚到推广佣金；第二，为企业提供可持续、可扩展、可积累的线上销售渠道——供应商把产品发到微店网，就有无数的微店为其推销产品，供应商只需做好产品、客服、售后即可，推广交给万千微店去做。云商微店网如图 2-11 所示。

图 2-11 云商微店网

第3章　微店卖什么商品赚钱

开店最重要的就是寻找好的货源，这就要求商品既要有新意，又要做工精细、价格低廉。也就是说，从自己熟悉的渠道和平台进货，控制商品质量和成本，做到低价进货是关键。微店越来越火，本章将详细分析开微店卖什么商品赚钱，以及如何选择微店商品。

3.1 网上热卖的商品

目前个人店铺的网上交易量比较大的包括服装服饰、化妆品、珠宝饰品、数码家电、家居日用等。在这方面，网上开店与传统的店铺并无太大区别，寻找好的市场和有竞争力的产品是成功的重要因素。淘宝网是目前国内最大的网络购物平台，淘宝网上有排行榜，什么商品最好卖，各行业什么商品最流行，都可以看得出来，如图 3-1 所示。

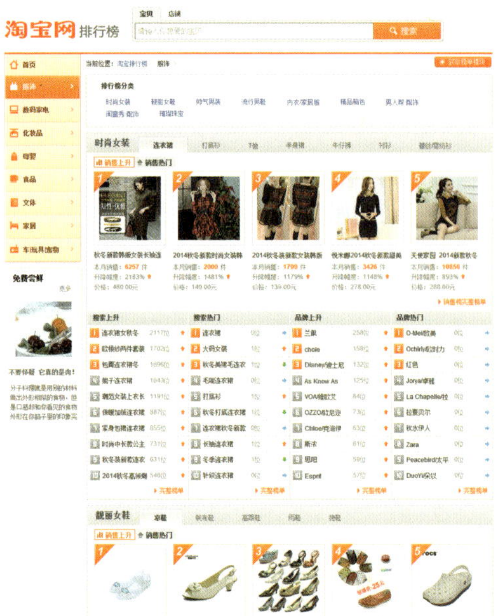

图 3-1 淘宝排行榜

1. 服装

服装企业入驻传统百货商场的本钱越来越高，再加上促销、管理等高额费用，企业不堪重负。网上购物则较少受限于以上要素，便能取得最快的传达、到达最大的扩张速度。迎合网上购物汹涌大潮，在淘宝、唯品会、麦考林、凡客等网购平台的带动下，近年来，服装品牌纷繁树立起自己的专业电商运营团队，纷繁“触网”。微店热卖的服装店铺如图 3-2 所示。

图 3-2 微店热卖的服装店铺

2014 年 7 月 8 日，第三方电子商务研究机构——中国电子商务研究中心发布了《2013 年度中国服装电子商务运行报告》。报告显示 2013 年我国网络购物市场销售占比最高的品类是服装鞋帽，用户购买率达 76.3%。其中，我国服装网购市场交易规模预计达 4349 亿元，同比 2012 年的 3050 亿元增长了 42.6%，占整个网购市场的 23.1%。网上服装的市场需求还处在高速发展期，未来一段时间也将保持高速增长。未来服装仍将是 B2C 市场的重要品类，也将成为平台型电商竞争的重点。

2. 化妆品

女人爱漂亮是从古到今都没办法改变的事实，并且有愈演愈烈之势。因此，化妆品市场的前景及其开阔。越是有钱的女人越是要想留住青春年华，在化妆品方面的消费舍得下本钱。还有，化妆品是天天要用的东西，所以会常常买。一旦用上你店里的哪一款觉得好用，一定会继续在你店里买的。

据了解，网上化妆品店“80%的利润来自于20%的老客户”。由于化妆品是日用品，用完了还要消费，因此，在经营时应该努力去抓住每一个买家，让买家踏踏实实地做个回头客。

网购越来越成为化妆品销售的重要渠道之一，交易额一年比一年增长迅速。芳草集旗舰店如图3-3所示。

图 3-3 芳草集旗舰店

3. 家居日用类商品

业内人士称，电子商务已经开始成为主流销售方式，越来越多的人在网上购物，而且购物范围也越来越广，服务行业和家居用品成为主流。家居行业目前已经进入消费者网购需求的排名前十，主要包括床上用品/布艺软饰、家装主材、住宅家具、家具日化/收纳/礼品、基础建材子品类。家居市场的购买潜力非常大，家居产品的购买转化率远远超过了传统的服装类目，增长潜力非常大。家居日用类店如图 3-4 所示。

图 3-4 家居日用类店

4. 珠宝首饰

目前，中国国内珠宝市场可以说是异常繁荣，珠宝首饰已成为我国消费者继住房、汽车之后的第三大消费热点。从当下各大知名珠宝品牌的销售额年增长速度可以看出，随着生产和消费的扩大，珠宝消费日臻成熟，时尚化、个性化成为潮流。

随着电子商务事业日益发达，作为奢侈品消费的珠宝企业也纷纷进军网络零售市场，试图在激烈的竞争中抢夺这一可观的市场份额。而事实证明，珠宝电商这一新兴珠宝销售平台颇受消费者欢迎，通过品牌的建立，以及珠宝电商销售服务体系的完善，愿意到网上购买钻戒的消费者越来越多了。因为品牌电商珠宝的品质和售后有保障，加之网上买钻戒比商场门店便宜，珠宝电商的群众认可度日渐提高。微店网上的珠宝首饰店如图 3-5 所示。

图 3-5 网上的珠宝首饰店

5. 数码家电

在网上购买数码相机、摄像机、智能手机和电脑的人也越来越多。在互联网时代，数码产品永远是网上销售的热门。网上卖数码类商品，一定要有价格优势。一般买家在网上购买此类产品时都很谨慎，比较以后才去购买，同样品牌的商品价格是很重要的因素。

数码家电网上零售市场已经发展了 10 年，产生了远多于其他行业数量的众多 B2C 商城。数码家电产品在整个网上零售市场里是销售额占比最高的一类，数码家电由于其客单价比较高的原因，直接提升了其交易额。数码家电类店铺如图 3-6 所示。

图 3-6　数码家电类店铺

3.2　从哪里找到好的商品

除了你自己主动去找好商品外，也有办法让好商品找到你。好商品之所以会找到你，是因为供应商看到了你有很好的销售能力。

3.2.1　朋友需要的商品

微店的销售对象主要是朋友圈的人脉，想要在微信朋友圈卖东西，首先需要对自己朋友圈的定位，你的朋友圈人群都是一些什么人群，他们是年轻人，还是一些家庭主妇这些都是需要确认。只有清楚了朋友圈的定位，才能根据定位去找商品。如果你的朋友圈都是一群家庭主妇，你就要想象家庭主妇对什么最感兴趣，而家庭主妇最感兴趣的一个话题就是“如何省钱”，这样你就可以围绕这个主题卖东西。

3.2.2　代销微店商品

很多人对代销可能不以为然，有的人可能还看不起代销，其实淘宝很多成功的卖家都是从代销起家的。在网上代销，非常适合没有足够资金和货源的创业者，比如在校大学生、微店新手、偏远地区的朋友及想兼职的朋友。

理论上说，网上销售的任何产品都可以代销。但是，实际上我们通常选择网上热销的产品进行代销，比如年轻少女、爱美女士们喜欢的日韩版服装、鞋帽、饰品、化妆品等产品；时尚一族的数码、手机、IT 产品；年轻夫妇喜欢的时尚家居等需求量大的产品。当然，我们也可以根据自己的情况来选择代销的产品。从微店网寻找热销的代销商品如图 3-7 所示。

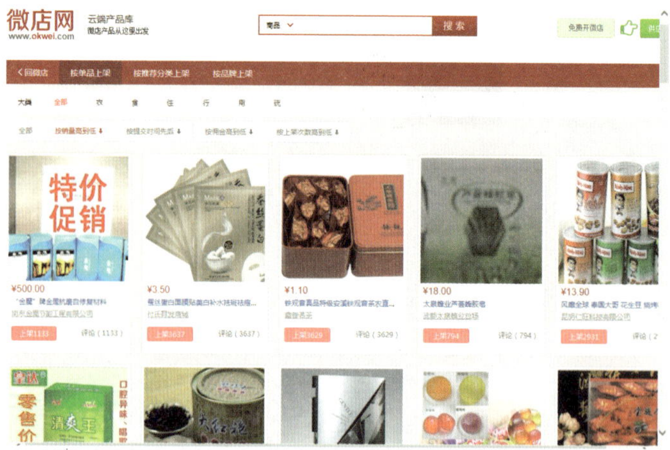

图 3-7　从微店网寻找热销的代销商品

3.2.3 寻找淘宝店主

“淘宝搬家助手”可以快速把淘宝店里的商品复制到微店上来。如果自己没有淘宝店，也可以找其他淘宝店主，代理他们的商品。

很多人都还不知道“淘宝搬家助手”在哪里，具体怎么操作。下面就告诉大家微店“淘宝搬家助手”的使用方法。

（1）首先进入微店，单击微店右下角设置按钮，如图 3–8 所示。进入“设置”页面，单击“淘宝搬家助手”，如图 3–9 所示。

图 3–8　单击设置按钮

图 3–9　单击“淘宝搬家助手”

（2）进入淘宝搬家助手页面，单击“快速搬家”按钮开始搬家，如图 3–10 所示。

（3）页面跳转后，在如图 3–11 所示的页面输入淘宝店铺的会员名和密码，然后单击“登录”按钮。

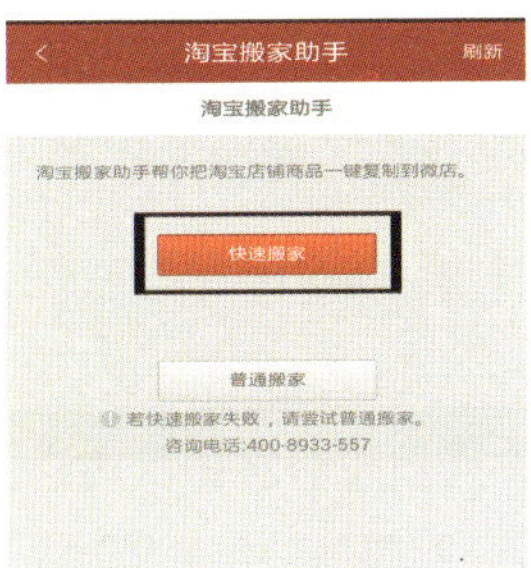

图 3–10　单击“快速搬家”按钮

图 3–11　输入淘宝店铺的会员名和密码

（4）淘宝店铺登录成功，5秒钟后页面会跳转，如果没有跳转则单击“继续”按钮，如图3–12所示。

（5）进入“等待搬家”页面，如图3–13所示。

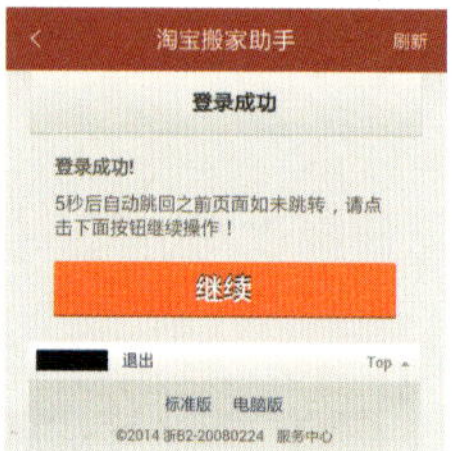

图3–12 淘宝店铺登录成功

图3–13 进入“等待搬家”页面

（6）接着页面会提示：“你的淘宝店铺XXXX，确定要搬家吗”，确认无误单击“确定”按钮，如图3–14所示。

（7）进入搬家状态，预计24小时内搬家成功，如图3–15所示。

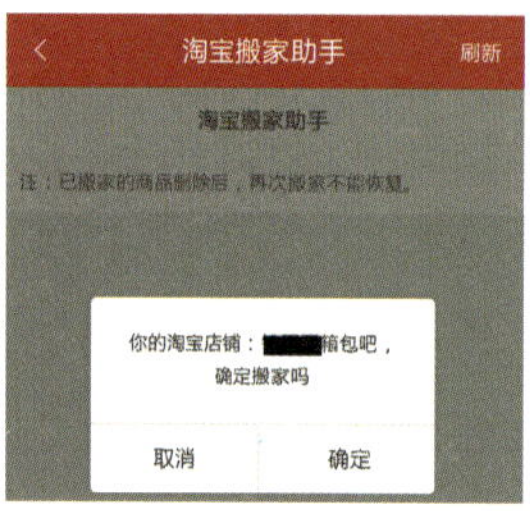

图3–14 确认是否搬家

图3–15 预计24小时内搬家成功

搬家成功以后，如果淘宝店铺新增了商品，单击“更新”即可将更新的商品同步到微店。搬家成功后，进入“我的微店”即可看到搬家后的商品。

3.2.4 微店批发市场

微店有一个“卖家市场”，是专门为那些开了微店但没有货源的微店主做的。“卖家市场”里有“批发市场”、“转发分成”和“附近微店”三个子板块。你可以去“批发市场”找货源。

（1）登录微店，翻到第 2 页即可看到“卖家市场”，单击“卖家市场”，如图 3–16 所示。

（2）选择“批发市场”，如图 3–17 所示。

图 3–16 单击“卖家市场”

图 3–17 选择“批发市场”

（3）接着进入批发市场页面，此页面列出了可靠的批发商，如图 3–18 所示。

（4）单击进入某批发商，即可看到某批发商品列表，如图 3–19 所示，单击商品，即可查看商品详情。

图 3–18 进入批发市场页面

图 3–19 商品列表

如果你找到了适合自己微店的货源，就可以将批发市场的商品付款拍下来，再将商品信息上架到自己的店铺里销售；也可以跟批发商进行沟通，做代销。

3.2.5 依靠大型批发市场

虽然厂家是一手货，价格中的利润比较大，但是一般的厂家都有一定的大客户，他们通常不会和小卖家合作的。批发市场的商品价格一般比较便宜，这也是经营者选择最多的货源地，从批发市场进货一般有以下特点。

（1）批发市场的商品数量多、品种全、挑选余地大且易“货比三家”。

（2）批发市场很适合兼职卖家，在这里进货时间和进货量都比较自由。

（3）批发市场的价格相对较低，对于微店来说容易实现薄利多销。

相比其他几种渠道而言，批发市场的确是新手卖家不错的选择。如果你刚好生活在大城市，周围有大的批发市场，不妨就去那里看看吧，保证不会让你失望。在北京的微店经营者，可以多去动物园、木樨园、红桥市场看看；在上海可以去襄阳路、城隍庙等。多与批发商交往不但可以熟悉行情，还可以拿到很便宜的批发价格。从批发市场进货如图 3-20 所示。

图 3-20 从批发市场进货

通过和一些批发商建立良好的供求关系，能够拿到第一手的流行货品，而且能够保证网上销售的低价位。这不仅有利于商品的销售，而且有利于卖家快速积累信用。

找到货源后，可先进少量的货，在微店试卖一下，如果销量好再考虑增大进货量。在网上，有些卖家和批发商关系很好，往往是商品卖出后才去进货，这样既不会占资金又不会造成商品的积压。总之，不管是通过哪种渠道寻找货源，低廉的价格是关键因素。找到了物美价廉的货源，微店就有了成功的基础。

3.2.6 从厂家进货

一件商品从生产厂家到消费者手中，要经过许多环节，其基本流程是：原料供应商→生产厂家→全国批发商→地方批发商→终端批发商→零售商→消费者。

如果是进口商品，还要经过进口商、批发商、零售商等环节，涉及运输、报关、商检、银行和财务结算。经过如此多环节、多层次的流通组织和多次重复运输过程，自然就会产生额外的附加费用。这些费用都被分摊到每一件商品上，所以，对于一件出厂价格为 2 元的商品，消费者往往需要花 15 元才能买得到。

如果可以直接从厂家进货，且有稳定的进货量，无疑可以拿到理想的价格。而且正规的厂家货源充足，信誉度高，如果长期合作的话，一般都能争取产品调换和退货还款。但是，一般能从厂家拿到的货源商品并不多，因为多数厂家不屑与小规模的卖家打交道，但有些网下不算热销的商品是可以从源头进货的。一般来说，厂家要求的起批量非常大。以外贸服装为例，厂家要求的批发量至少要在近百件或上千件，达不到要求是很难争取到合作的。

通过下面几种办法，可以辨别厂家的实力，在下单之前就摸清对方底细。

（1）电话验证。通过 114 或电话黄页进行查询，核对对方的电话是否属实。一般正规厂家都很重视业务电话，都希望客户一查就能得知自己的电话号码，所以，往往都会把电话号码予以登记。除了查核电话号码登记问题外，还可以通过在不同时段给他们打电话来验证厂家是否正规。

（2）证件查询。可以要求对方提供《工商营业执照》和《税务登记证》等复印件。如果对方以担心被非法利用为由而拒绝你的这一要求，那么，你就干脆打电话到相关部门去查询。因正规的工厂都必须正式登记在册，而从税务登记证上就可以看出对方是一般纳税人还是小规模纳税人或者甚至根本未进行税务登记。

（3）价格辨别。你可以通过分析对方的定价模式来辨别其是否正规。正规公司都有稳定的价格体系，而且通常是不会允许新顾客随意地讨价还价的。由于公司内部的规章制度比较健全，所以，除了决策层外，任何员工都无权私下更改定价模式。你可以多次地让他们对同一产品进行报价，也可以不断地让他们对各种产品进行报价，以此来分析他们的定价模式，看他们的价格体系是否稳定与完善。

（4）规模辨别。辨别企业实力的要点就在于区别其生产经营规模的大小，评定世界财富500强时，其年销售额就是重要的指标之一。生产规模大、经营时间长、综合实力强的正规企业，往往产品的品种多、款式全、生产经验足。

3.2.7 外贸尾单货

外贸尾单货就是正式外贸订单的多余货品。一般我们都知道，外商在国内工厂下订单时，一般工厂会按5%～10%的比例多生产一些，这样做是为了万一在实际生产过程中有次品的话，就可以拿多生产的数量来替补，这些多出来的货品就是我们常说的外贸尾单货了。

1. 外贸尾单货的特点

外贸尾单货的优点就是性价比高，通常商家所销售的几十元钱的产品出口后都是几十美金或是更高的价格；但缺点是颜色和尺码不全，不能像内销厂家的货品那样齐码齐色。所以，它的价格一般比商场或其他地方更便宜。

外贸尾单货价格通常十分低廉，一般为市场价格的2～3折，品质做工绝对有保证，是一种不错的货源。但一般要求进货者全部吃进，所以进货者要有一定的经济实力。

2. 如何辨别真假外贸尾单货

面对鱼龙混杂的外贸货市场，应该如何判断其真假呢？下面介绍几点经验供大家参考。

（1）看价格：大多数外贸企业不擅长内贸，一旦产生了尾单货，一般都会选择低价脱手。

（2）看质量：真正的外贸尾单货的质量和正品一样，这就需要有相当的经验才能辨别，或者手上有真货可进行比较。

（3）看包装：真正的外贸尾单货的外包装都是比较简单的，那些包装精美、所有配件齐全的商品就值得怀疑了。

（4）看商标：一般尾单货的商标都是最后才贴上去的，有的甚至没有，这并不代表商品不好或质量有问题，而恰恰说明了真货的严谨性。越是替知名品牌加工产品的厂家，它的尾单货就越是不可能有商标，因为越是知名的品牌对商品的控制越是严格，包括包装袋也是一样。

（5）看尺码：一般来说，尾单货特别是服装类的尾单货，有断码现象是非常正常的，尺码几乎不可能齐全。

（6）看瑕疵：有些外贸尾单货是有瑕疵的，不过瑕疵并不明显，不容易看出来。

3.2.8 寻找品牌积压库存

品牌商品在网上是备受关注的分类之一，很多买家都通过搜索的方式直接寻找自己心仪的品牌商品。有些品牌商品的库存积压很多，一些商家干脆把库存全部卖给专职网络销售卖家。不少品牌虽然在某一地域属于积压品，但网络覆盖面广的特性，完全可使其在其他地域成为畅销品。如果你能经常淘到积压的品牌服饰、鞋等货物，拿到网上来销售，一定能获得丰厚的利润。这是因为品牌积压库存有其自身优势。

1. 品牌积压库存商品的优点

（1）商品价格低。由于工厂处理库存货几乎都是被动处理的，价格方面自然比较好谈，但也取决于个人的谈判能力，谈判能力强的自然可为自己省下不少钱。另外，人缘比较好的人，能调动场面气氛，说话很容易让人接受，砍价方面自然高人一等。

（2）商品品种多。无论企业属于哪一行业，如果要生存下去，就必须以市场为导向，生产出市场需要的商品。而市场的需求正朝着多元化发展，因此，企业就要不断研发新的商品，以适应市场的需求。这样日积月累，企业库存的商品品种必然越积越多。

2. 寻找积压库存的品牌商品

在寻找积压库存品牌商品的过程中，要注意以下问题，否则收购回他人的库存后，商品不好销，立即变为自己的库存，让库存压力从厂家那里转移到自己的身上，有可能导致自己从此一蹶不振。

（1）消费者的品位：先从各个渠道详细了解当前大众消费者的品位，看他们是重实用还是重感观，重内涵还是重外形，重本土品牌还是重国外品牌。

（2）销售及市场动态：广泛关注市场动态并进行分析。

（3）预测市场需求能力：预测市场需求能力及市场需求量。

（4）重视消费需求的不确定性：消费者的消费需求变化很大，不确定性增强了，流行风的存活期也越来越短，流行风具备越来越强的区域性。

大部分微店从事的主要业务是零售，而不是批发，所以商品的数量要尽量少，以减少压货的风险；商品的品种要尽量多，让消费者多点选择。

3.2.9 寻找换季、节后、拆迁与转让的清仓商品

在很多情况下，商家因换季节等原因而清仓处理，因为这时他们已经收回成本了或是赚够了，剩下的能卖多少就卖多少，根本无关紧要。由于商家急于处理这类商品，其价格通常很低，如果你以一个极低的价格买进，再转到网上销售，利用地域或时间差价则可以获得丰厚的利润。所以，要经常去市场上转转，密切关注市场变化。但在进货时也要小心，像日用品、高科技产品及有效期短的商品，最好不要大量进货。

1. 换季清仓品

每到换季时间，你会发现大大小小的商场各显身手，名目繁多的优惠活动层出不穷，花花绿绿的横幅到处悬挂，直接冲击着过往行人的眼球，如图3-21所示。这时是有心要开微店的人进货的好时机，但一定要注意以下事项。

（1）有些特殊的商品要注意有效期或保质期。

（2）要注意查看商品是否为瑕疵品。

（3）要注意查看商品是否合时宜。

（4）注意换季商品的价格。一些商家在牌子上标示的原价格和现折扣价格只是商家的“数字游戏”，目的是让你以为他确实是亏本大甩卖。其实，原价并非真正的价格，折扣价格也并非是价格的底线，还是有周旋余地的。

图 3-21　换季清仓品

2. 节后清仓品

在春节、情人节、劳动节、端午节、儿童节、中秋节、教师节、国庆节、圣诞节等节日，大家都会尽情地购物，于是形成一股节假日的消费热潮。

商家当然不会放过这些节假日蕴藏的巨大商机。于是，在节前购进大量应节的商品，以期在节假日赚个盆满钵盈。节后清盘，利润相当可观，但手头上还有部分未及时售出的商品，于是就出现了节后清货的活动。节后清仓品如图 3-22 所示。

传统店铺的节后清货确实是微店的重要货源之一，可是，如何把握其中的分寸，才能不至于因“乱花渐欲迷人眼”而导致进错货品呢？这就需要我们进货时注意商品的生命力。凡是节日商品，必然是有其生命周期的，有的商品在节日过后就很少有人购买了，比如情人节的玫瑰、中秋节的月饼、圣诞节的松树等。

图 3-22 节后清仓品

3. 搬迁清仓品

搬迁清仓品也是微店很好的货源之一，但卖家进货时一定要小心里面是否有陷阱，一般来说，应注意以下几个方面。

（1）先弄清楚商家所谓的拆迁消息是否可靠，如果只是商家的一个促销手段，那肯定有问题，最好不要进货；否则，如果你进来的货物价格过高，在网上就没有竞争优势了。

（2）谨慎挑货：由于商家急需清货，时间紧迫，价格必然很低，这样才能吸引消费者在短时间内决定购买，这时进货就一定要打起精神细心挑选了。

4. 转让清仓品

实体店铺转让时所抛售的都是之前正常经营时剩余的商品，所以品质比较可靠，价格又便宜很多，完全可以放到网上店铺的货架上出售。但一般的实体店商品数量和品种都比较多，如果将整个店铺的商品都包揽下来，需要较大的投资，对于小本经营的微店来说，风险实在太大。可以选择某些合适的品种与商家洽谈买断事宜，商家一向非常注重大批量的购买行为，所以价格可以压得很低。

有些商家利用假转让大做文章，这种情形会直接反映在商品的品质上。因为商家既然假转让，那么商品在价格方面一定要有很大的吸引力才行，在低价的基础上，想保持利润，只有牺牲商品品质了。于是，假冒伪劣商品自然充斥其间。假转让的最直接表现就是“转让清仓”的标贴长年累月地挂在店里，或者“转让清仓最后三天”的标贴一挂就是几个月。要想淘到好的货源，就不要到这种店铺去。

3.2.10 网络代销

在网上交易中，代销指的是在网上展示商家给的图片、产品介绍等质料，然后向买家收取定金，再给商家一定的资金，让他发货，代销者赚取其中的差额。选择代销一般有两个原因：一是自身缺乏做生意的启动资金；二是尝试做生意，并不准备长期投资。网络代销平台如图3-23所示。

要注意的是，网络代销虽然有它一定的优越性，但是因为代销商具有“联系商家和买家，但是看不见商品”这个特点，所以使得代销有时候成为一朵带刺的玫瑰。而且网络代销因为牵扯第三方交易，所以它的利润相对偏低，准备代销的卖家要做好一定的心理准备。

图 3-23 网络代销平台

3.2.11 搜寻民族特色商品

作为民族工艺品其价值很高，由于其民族特色足以使它在琳琅满目的商品中鹤立鸡群。网络店主之所以愿意让这类产品来充实自己的店铺，不仅是因为它们稀有、能吸引人的眼球，而且还有其他产品无法取代的特点。具有民族特色的商品如图3-24所示。

图 3-24 具有民族特色的商品

具有民族特色的商品特点如下：

- 具有很强的个性；
- 具有丰富的文化底蕴；
- 富含淳朴气息；
- 具有奇特的特点；
- 富有民族特色和地域特色。

3.2.12 二手闲置与跳蚤市场

虽然二手物品具有不合时宜、无法保证品质、价格低廉、不可退换等缺点，但它还是具有许多适合在微店销售的特点。赶集网上很多二手闲置商品如图 3-25 所示。

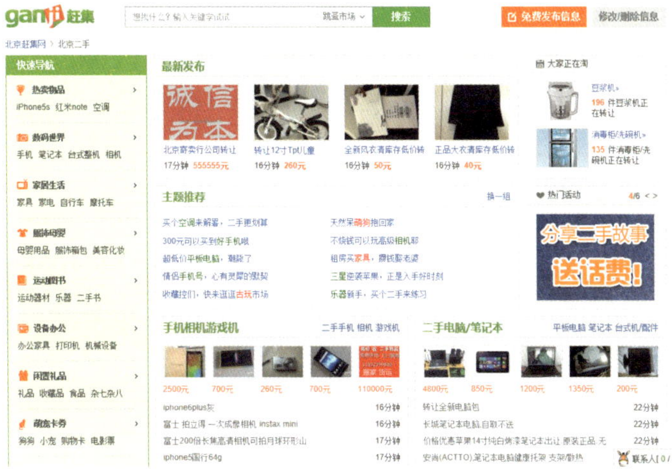

图 3-25　赶集网上的二手闲置商品

二手闲置商品的特点如下：

- 二手闲置商品不用担心压货；
- 有利于改掉浪费的习惯；
- 物尽所能，为他人行方便；
- 货源广，成本底。

闲置物品不会一直增加，卖掉一件就少一件。那么，卖光这些闲置二手货后怎样保持现有的经营特色继续经营下去呢？其实有一个地方能收集到便宜的二手货，那就是跳蚤市场。

“跳蚤市场”是欧美国家对旧货地摊市场的别称，它由一个个地摊摊位组成，市场规模大小不等，所售商品多是旧货，如人们多余的物品及未曾用过但已过时的衣物等。小到衣服上的小件饰物，大到完整的旧汽车、录像机、电视机、洗衣机，一应俱全，应有尽有，价格低廉，仅为新货价格的 10% ~ 30%。

3.2.13　B2B 电子商务批发网站

全国最大的批发市场主要集中在几个城市里，而且有很多卖家也没有条件千里迢迢地去这几个批发市场。所以，阿里巴巴、生意宝等作为网络贸易批发的平台，充分显示了其优越性，为很多小地方的卖家提供了很大的选择空间。它们不仅查找信息方便，也专门为小卖家提供相应的服务，并且起批量很小。阿里巴巴批发网站页面如图 3–26 所示。

图 3–26 阿里巴巴批发网站页面

网上批发是近几年开始兴起的新事物，发展还不成熟，但网络进货相比传统渠道进货的优势已经很明显。

（1）成本优势：可以省去来回批发市场的时间成本、交通成本、住宿费、物流费用等。

（2）选购的紧迫性降低：亲自去批发市场选购由于时间所限，不可能长时间慢慢挑选，有些商品也许并未相中但迫于进货压力不得不赶快选购，网上进货则可以慢慢挑选。

（3）批发数量限制优势：一般的网上批发基本上都是 10 件起批，有的甚至是 1 件起批，这样在一定程上增大了选择余地。

（4）其他优势：网络进货还能减少库存压力，还具有批发价格透明、款式更新快等优点。

第4章 发布前的商品图片拍摄与处理

如今微店可谓是热门话题。但为什么有的店铺有着不错的商品，微店浏览量也不在少数，可偏偏不能成交呢？其实开微店，最重要的就是图片。一张图片就好比是商店的“橱窗”，起到了直接与消费者沟通的作用。微店经营中，一张好图不仅赏心悦目，而且会引爆点击率，大面积提升店铺浏览量。

4.1 使用普通家用相机拍摄商品

也许你没有过拍摄商品的经验，也没有专业摄影所需要的高档相机。但这都无关紧要，即使使用普通的家用数码相机，再配合一点拍摄技巧，同样可以拍摄出好的商品图片。

4.1.1 了解家用数码相机的优势

虽然普通家用数码相机在操作性和成像等方面的确与专业相机存在差距，但其中的很多缺陷都可以用一些灵活的拍摄技巧和“另类”的拍摄手段弥补，使用普通家用数码相机拍摄出同样精彩的照片也并非天方夜谭。

1. 微距功能

对数码相机来说，即使是很多低端的普通家用相机，也配置了微距、甚至超微距功能，虽然与专业的微距拍摄无法相比，但会让你一试微距世界的美丽。微距世界之所以很美丽，是因为微距可以放大微观世界，获取的是我们日常视觉看不到的东西，所以更有视觉冲击力。

谈到“微距”功能，近拍小型物品向来都是普通家用数码相机的优势。只要懂得利用“微距”功能，就有机会拍出背景强烈虚化的效果。对拍摄单体商品而言，虚实分明的表现手法简单又有效，在拍摄时开启数码相机微距模式，尽量靠近被摄物体，然后按下快门即可。使用数码相机微距功能拍摄的商品图片如图 4-1 所示。

图 4-1 使用数码相机微距功能拍摄的商品图片

2. 白平衡

白平衡控制就是通过图像调整，使在各种光线条件下拍摄出的照片色彩和人眼所看到的景物色彩完全相同。现在数码相机白平衡的调整一般具有 4 ~ 5 种模式，因厂家的不同而稍有差异，但差别不大。佳能的数码相机一般分为自动、白天、阴天、白炽灯、荧光灯等模式。

拍摄商品前要对数码相机进行手动白平衡设置，以便拍摄出来的照片不偏色，尽可能还原物体的真实色彩。偏色的照片会打消买家的购买欲望，因此这样的照片中的商品看起来像二手商品。

进行手动调节白平衡前需要找一个白色参照物，如纯白的白纸一类的东西，有些数码相机备有自定义白平衡功能，这样只要对着白纸就可以进行白平衡的调整了。

操作过程大致如下：

（1）把数码相机变焦镜头调到最广角（短焦位置）；

（2）将白纸放置好；

（3）白平衡调到手动位置；

（4）白纸对着天空，然后镜头对着白纸，注意白纸不要被遮挡，然后慢慢调到长焦，直到白纸充满屏幕；

（5）按一下白平衡调整按钮直到取景器中手动白平衡标志停止闪烁，这时白平衡手动调整完成。这样拍出的商品图片色彩就很准确了。

没有调整白平衡拍摄的图片如图 4–2 所示，定义白平衡后拍摄的图片如图 4–3 所示。

图 4–2 没有调整白平衡的图片

图 4–3 定义白平衡后拍摄的图片

通过手动调节白平衡可以获得一些偏色的效果。一般来说，数码相机的白平衡功能能够满足大多数情况的使用，在进行拍摄创作的过程中要不断实践，根据自己相机的特色和拍摄环境加深对白平衡调节的了解，充分利用数码相机的优势就能够获得满意的照片。

3. 放大滤镜

对细小商品进行拍摄时，可适当拍摄一些局部特写镜头，以展现出该商品做工精细。目前有一种带有放大功能的滤镜，可将其安装到相机镜头前使用，可增强相机现有微距拍摄效果。如果没买到带有放大功能的滤镜，则可以尝试借助低倍率放大镜代替放大滤镜。安装了放大滤镜前后的拍摄效果如图 4-4 和图 4-5 所示。

图 4-4 安装了放大滤镜前的拍摄效果

图 4-5 安装了放大滤镜后的拍摄效果

4.1.2 室内拍摄场景布置

绝大多数微店卖家都知道，高质量的照片拍摄对店铺的生意好坏起着至关重要的影响。如何利用现有器材和资源拍摄好照片，肯定也是大部分卖家头疼的问题。要获得一张成功的商品照片，除了相机本身的功能外，人为地创造辅助拍摄条件也很重要，这就是下面将要介绍的拍摄场景的布置。

1. 为什么要布置场景

在室内拍摄商品和在专业摄影棚里拍摄商品照有很大区别。第一，室内拍摄环境既复杂又简单，背景杂乱，需要花费不少力气处理。第二没有专用工作台，开展工作不方便。第三，缺少必要的专用拍摄工具，需要找到合适的代用品。

布置场景的过程，就是解决拍摄前遇到困难的过程，为商品创建最佳拍摄环境。只有懂得开动脑筋思考的人，才能达成如期目标。没有布置场景杂乱无章的照片如图 4-6 所示，分不清哪些是商品，布置好场景拍摄的图片如图 4-7 所示，清晰明了。

图 4-6 没有布置场景杂乱无章的照片

图 4-7 布置好场景拍摄的图片

2. 使用反光板布置场景

反光板是我们常用的补光设备。常见的是金银双面可折叠的反光板，携带方便。同时，这种反光板的反光材料的反光率比较高，光线强度大，光质适中，适用于多种主体摄影。不过这种便携性反光板在使用的时候，需要一个人配合。反光板的另一个方面还可以改变主体的色温，比如用金色反光板，在某些情况下可以使主体更加突出。如图4–8所示，在淘宝上有很多出售反光板的，一般价格在几十元。

图4–8 反光板

3. 使用墙纸、背景纸布置场景

生活中能够用于布置场景的材料很多，要开拓思路寻找各种道具。例如美化家居用的花纹墙纸非常适合用来充当小型商品照片的背景画，通常装饰市场就有大量的墙纸专卖店。用精美墙纸布置场景的效果如图4–9所示。

图4–9 用精美墙纸布置场景

也可以使用背景布或背景纸，感觉很干净，也能很明显地突出主体。使用背景布布置场景如图 4–10 所示。

图 4-10 使用背景布布置场景

4.1.3 在户外拍摄商品

商品拍摄离不开光线照明，在众多人类可以利用的光源之中，户外的太阳光是免费又好用的自然资源。本节将讲解在户外拍摄的范例，教你如何在户外完成商品销售照片的拍摄。

1. 拍摄地点

在户外拍摄商品照片时，除了可以利用免费的自然光线以外，另一目的就是能够加入自然景色作为照片背景。那么可以去公园或任何一处风景区去拍摄，让创作理念不受场景限制。

（1）公园长凳拍摄

图 4-11 在公园长凳上拍摄

公园随处设立的长凳可以成为理想的拍摄场地，例如利用公园长凳拍摄女式上衣商品时，开始先试拍几张找准曝光组合和拍摄角度。回放检查试拍照片时，可能列出以下问题：拍摄角度是否需要继续调整；在阳光直射下拍摄的商品是否曝光过度、曝光不足；细节能否展现出来。根据自己的判断结果，调整相机至满意度，然后再进入正式的拍摄环节。在公园长凳上拍摄如图 4–11 所示。

（2）树荫下拍摄

在公园中找到一处树荫场景，通过明暗过渡相互交替的情景，将模特穿着的服装细节完美地表现出来，如图 4–12 所示。

图 4–12　树荫下拍摄

（3）在花草中拍摄

公园的过道、草丛、花丛随时都能成为拍摄场景。拍摄前需开启微距拍摄功能，并尽量拉近与拍摄者之间的距离，留意相机和手是否挡住了自然光线，它会影响被拍摄物体的亮度。在花丛中拍摄的照片如图 4–13 所示。

图 4–13　在花丛中拍摄的照片

2. 拍摄时间

上午 9 ~ 11 点和下午 15 ~ 17 点，是比较适合拍照的时间。中午阳光直射，在头顶和脸上形成不均匀的光斑，不好看。光线不足的情况下，很多普通的相机拍不出好看的图片，所以大家尽量选择下午 17 点前的光线来拍照。在下午 17 点前拍照如图 4–14 所示。

图 4-14 在下午 17 点前拍照

3. 拍摄用光

这里有个误区。有些人觉得，阳光明媚的好天气适合拍照。即便是阳光很好，也要避开阳光直射在脸上身上，也就是避开阳光拍照。当然了，不是说让大家背光拍照，任何情况下，都不要尝试背光拍照，白白的脸被拍黑了，就不好了。注意拍照的四周光线是否均匀，没有刺眼的感觉，拍照最适宜了。所以阴天拍照，特别是人像，一定是个好选择。如图 4-15 所示为阴天拍照。

图 4-15 阴天拍照

4. 照片布局

因为现在的图片都可以裁切，布局已经显得不那么重要了，大家注意几个重点就可以。例如，到景点拍照，背后是一个尖塔或者钟楼，不要站在尖塔下面，以免显得头上顶着塔。后面是植物也一样的，不要站在植物的尖顶下面，以免拍出来好像是头上长了一棵小树。稍微岔开一点，看起来比较顺眼。拍摄的时候，也不要把主体安排在取景器两侧，普通相机镜头拍摄出来，左右两侧变形得比较厉害，这样脸就不好看。裁切的时候也需注意，正面的人物尽可能不要安排在正中，以免显得过于死板，稍偏一点显得更自然，如图 4-16 所示。

图 4-16 照片布局

5. 化妆和 POSE

拍照最好还是化妆，化妆突出眼部、嘴唇就可以了，拍出来脸部会比较深刻好看。POSE 大家都会摆，可以对着镜子摆 POSE 练习。

有一点需要注意，一般侧脸 45° 是女孩子最美的角度，特别是脸大的。尽量避免正面直接拍摄，脸稍侧下，画面生动，注意扬长避短。总觉得自己脸拍出来显得胖胖的人，拍照很有能会习惯性仰头，一定要改掉这个毛病，这样会显得下巴方或者圆，多试验几次，找出自己最美的角度就大功告成。刚才我们所说的，全身照切不可从上往下拍，会显得腿儿短，这是正确的。但是半身照或者大头照，就适合从稍高的位置往下拍了。

6. 拍摄角度

采用模特实拍的话可能会碰到一个问题，就是摄影者比模特高。如果是全身照，从上往下拍，会显得腿儿短，这是万万不可的。但也不能从下往上拍，这样很容易就拍出双下巴，显得脸胖胖，而且照片也失真了。最好的高度，对着模特腰部左右的高度来拍摄，这样照片很真实，不变形。如图 4–17 所示的照片，就是对着模特的腰部拍摄的，这样拍摄的效果特别好看。

图 4-17 拍摄时注意角度

7. 其他注意事项

- 拍摄主体要突出。比如你要拍照的背后，有个伯伯，站在你背后显得比你还大，你觉得比较影响画面，可以请他离开一下。远处的人可以不必请他们离开，因为只要突出你这个主体就可以了。

- 抖动问题。如果相机不是防抖动的，那一定要端稳相机，尽量保持静止，拍完再动。

- 不使用闪光灯。特别是对于大家的傻瓜相机来说，内置闪光灯不怎么好用的，会使得脸部生硬不自然。拍出柔和自然的照片才是最重要的。

- 尝试不看镜头。有时候看着窗外，看着斜 45° 的地面，配合漂亮的景色，都能拍出有意境的图片。每次拍照尽量多拍些，这样选择余地大，一定能挑选出好照片来。

4.2 商品拍摄技巧

作为进军微店的新手，不仅面对商品的发布交易的问题，还有一个最基本也必须面对的问题：如何让产品图片更加美观？显而易见，自食其力拍好产品图是最好的选择，这就需要我们学习一些基本的商品拍摄技巧。

4.2.1 真人模特拍摄经验技巧

如今微店图片越来越重要了，很多有实力的卖家都采用模特实拍，那么如何才能让模特穿上衣服拍出好的图片呢？

利用模特摄影时，首先要计划到底要拍摄什么感觉的照片。如果事先不做任何计划，只按照临时想法单纯依靠模特，不但会拖延摄影时间，而且也无法得到满意的结果。而模特的使用时间越长，费用也越高，会增加经济上的负担。

拍摄服饰类商品的方法有很多种，其中，利用模特实际穿着衣服的方法最自然，因为衣服是用来穿着的东西。模特摄影大致可以分为室内摄影和室外摄影两种。二者最大的区别就是照明，也就是使用自然光和人工光的区别。

拍摄时要拍全身，背景要多一些，这是为后期的图片处理打基础，这也是单反的一个优势所在，像素够，图片够大够清楚。拍摄时，摄影师要蹲下来拍摄，拍摄者是在离模特 5 米远的地方由下仰望着模特。这样的好处就是：照片上模特的腿就会显得比较长，增加图片的美观度。模特实拍如图 4-18 所示。

图 4-18 模特实拍

4.2.2 要有足够的耐心和细心

给商品拍摄照片一定要有足够的耐心和细心。多角度拍摄，从上向下拍摄会把人和衣服变得比较矮小，从下往上拍则会给人身材高挑、衣服比较长的感觉。而前后左右拍摄都有不一样的效果出现，所以想要给买家一个最直观的对衣服的感觉，那么我们就要每个角度都拍摄出一个系列来挑选出最佳效果的来做展示。商品展示图越多越全面，买家看到后的购买欲望就会越强烈。所以拍摄时不要心烦气躁，要拿出100%的耐心出来。有好的心态才能拍摄出好的照片来。拍摄商品的各个细节如图4-19所示。

图 4-19 拍摄商品的各个细节

4.2.3 选择合适的背景和搭配小物

首饰摄影关键是做好整体画面的美感效果,所以需要准备拍摄需要的硬件设备。例如色彩鲜艳的小物、不反光的质感背景、充足的光线等。东西准备齐全后，可以选择不同款式的小物来搭配不同风格的首饰摄影。时尚的选择颜色鲜艳小物或简单对比的背景。乡村风格的首饰可以选择稻香或小奢华的背景与小物。中性首饰摄影可以选择简单的色调来拍摄。如图4-20所示为选择合适的搭配物拍摄。

图 4-20 选择合适的搭配物拍摄

4.2.4 多角度顺光拍摄

顺着光线拍摄，光线应该是从手持相机的人身后映射过来的，这样拍摄可以减少正面拍摄时出现的阴影。首饰的自身颜色和款式等细节也可以清晰地呈现了。但是拍摄首饰时千万不要用闪光灯，闪光后的拍摄效果不是纯色的，会出现严重的变色现象。假如光线实在是欠缺的话，还可以后期制作调光或补光。而且还可以给照片加上漂亮的边框或我们商品自身的水印。

4.3 处理吸引人的商品图片

网上商店精美的产品图片使人产生愉悦的快感，增加产品销售成交率。下面通过实例手把手教你使用 Photoshop 做出赚钱的好照片！

4.3.1 调整拍歪的照片

（1）打开 Photoshop CS6 软件，选择“文件”|“打开”命令，弹出“打开”对话框，在该对话框中选择图像文件“拍歪 .jpg”，如图 4–21 所示。

（2）单击“打开”按钮，即可打开图像文件，如图 4–22 所示。

图 4–21 “打开”对话框

图 4–22 打开图像文件

（3）选择“图像”|“图像旋转”|“任意角度”命令，如图 4–23 所示。

（4）弹出“旋转画布”对话框，在该对话框中将“角度”设置为 40，勾选“度（逆时针）”选项，如图 4–24 所示。

图 4-23 选择“任意角度”命令

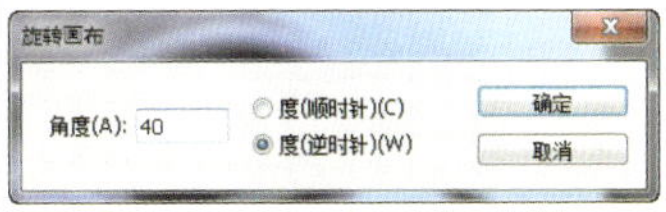

图 4-24 “旋转画布”对话框

（5）单击“确定”按钮，即可调整图像的角度，如图 4-25 所示。

图 4-25 旋转画布

4.3.2 调整曝光过度的照片

下面讲述调整曝光过度的照片，具体操作步骤如下。

（1）打开曝光过度的照片，如图 4-26 所示。

图 4-26 打开图像文件

（2）选择“图像”|“调整”|“曝光度”命令，弹出“曝光度”对话框，如图 4-27 所示。

（3）在该对话框中设置相应的参数，单击“确定”按钮，即可调整曝光过度的图片，如图 4-28 所示。

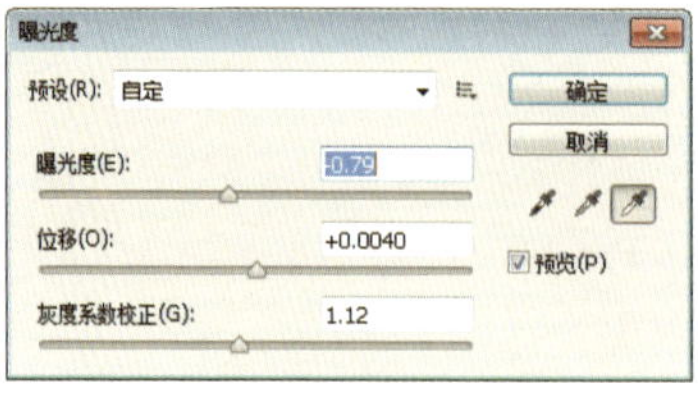

图 4-27 “曝光度”对话框

图 4-28 调整曝光后

4.3.3 调整模糊的照片让细节更明显

下面使用 Photoshop 处理不清晰的照片，具体操作步骤如下。

（1）打开一张不清楚的照片，如图 4–29 所示。

图 4–29 打开图像文件

（2）选择“图像”|“模式”|“Lab 颜色”选项，如图 4–30 所示。

图 4–30 选择“Lab 颜色”选项

（3）打开“图层”面板，在该面板中将背景层拖动到“创建新图层”按钮上，复制背景图层，如图 4–31 所示。

（4）选择“滤镜”|“锐化”|“USM 锐化”命令，弹出“USM 锐化”对话框，如图 4–32 所示。

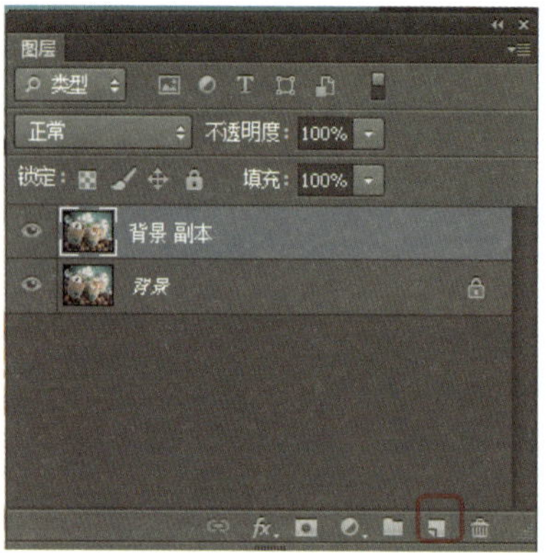

图 4–31 复制背景图层

图 4–32 “USM 锐化”对话框

（5）将图层模式设置为柔光，将不透明度设置为 80%，如图 4–33 所示。

图 4–33 设置图层模式

（6）如果还是不够清楚，还可以复制相应的图层，直到调整到清楚为止，如图 4–34 所示。

图 4–34 调整清晰度

4.3.4 为照片添加店铺标志水印

自己辛辛苦苦拍下的图片，在网上很容易就被别人偷用了。加上水印就可以防止别人盗用了，具体操作步骤如下。

（1）在 Photoshop CS6 中打开图像文件“添加水印 .jpg”，如图 4–35 所示。

图 4–35 打开图像文件

（2）选择工具箱中的“横排文字”工具，在图片上输入文字“明铭家居”，如图 4–36 所示。

图 4-36 输入文本

（3）选择“图层”|“图层样式”|“描边”选项，弹出“图层样式”对话框，将“大小”设置为 3，“颜色”设置为白色，如图 4-37 所示。

（4）单击“确定”按钮，如图 4-38 所示。

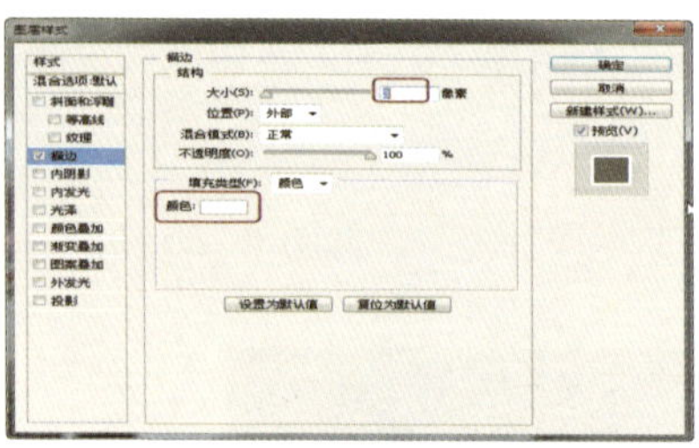

图 4-37 “图层样式”对话框

图 4-38 设置图层样式

（5）打开“图层”面板，将“不透明度”设置为 50%，如图 4-39 所示。

图 4-39 设置不透明度

第5章 微店注册及设置

微店是继阿里巴巴、淘宝之后的又一个较先进的电子商务平台，它能把卖家们的淘宝店架设到微信公众平台上，让卖家们在微信上也有一个属于自己的网店。口袋购物是一家专注于手机购物的移动交易平台，本章将讲述在口袋微店平台的注册及设置。

5.1 下载安装微店

随着电子商务的不断发展和进步，越来越多的人在手机上开始开店，手机带来的方便不言而喻。现在就给大家介绍一下手机下载和安装微店的方法，具体操作步骤如下。

（1）在手机上或在电脑上通过浏览器中输入 http://vdian.com/，进入微店平台，如图 5-1 所示。

（2）单击“免费下载微店”按钮，弹出提示框，如图 5-2 所示。

图 5-1 输入网址

图 5-2 下载微店软件

（3）单击“确认”按钮，单击“安装”按钮，打开如图 5-3 所示的页面。

（4）安装成功后如图 5-4 所示，单击“完成”按钮完成安装。

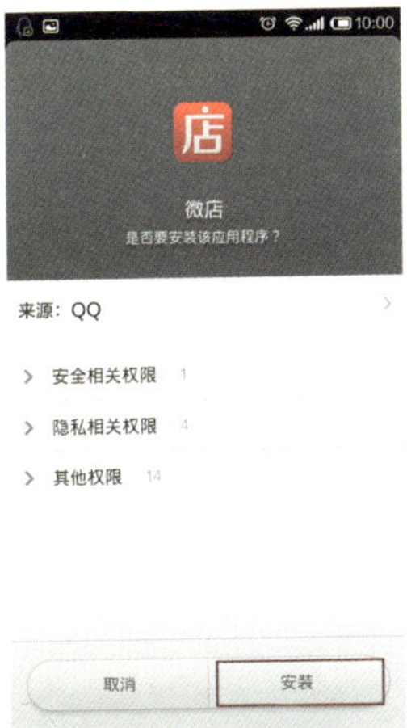

图 5-3 安装微店

图 5-4 安装成功

5.2 微店注册

要想开设经营微店，首先需要注册微店，注册微店具体操作步骤如下。

（1）启动微店，单击“注册”按钮，如图 5-5 所示。

（2）输入手机号码，单击“下一步”按钮，如图 5-6 所示。

图 5-5 单击“注册”按钮

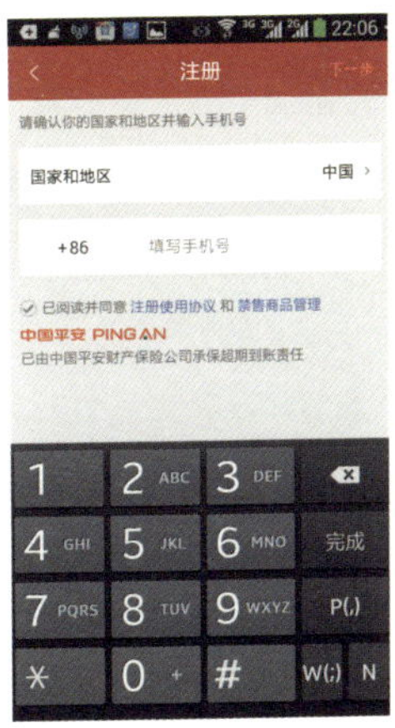

图 5-6 输入手机号码

（3）收到微店发来的验证码短信，输入验证码，如图 5-7 所示。

（4）单击“下一步”按钮，进入设置密码页面，输入要设置的密码，如图 5-8 所示。

图 5-7 输入验证码

图 5-8 设置密码页面

（5）设置完密码后，单击“下一步”按钮，进入填写个人资料页面，填写个人的真实姓名和身份证号，如图 5-9 所示。

（6）填写完个人资料后，单击“下一步”按钮，进入创建店铺页面，输入店铺的名称，如图 5-10 所示。

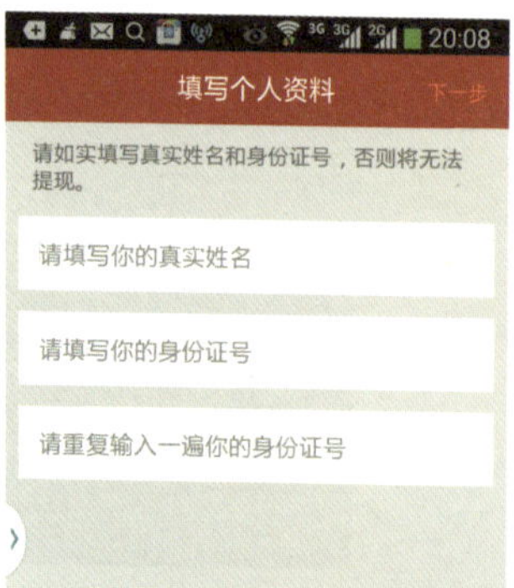

图 5-9 填写个人资料页面

图 5-10 创建店铺

（7）创建完成的店铺如图 5-11 所示。

图 5-11 创建完成的店铺

5.3 快速了解微店

使用手机号码和密码登录，可以通过安装在手机上的微店程序登录，也可以通过微店网页版（www.vdian.com）登录。如果忘记密码也没关系，只要先输入自己的手机号码，再单击“忘记密码”，手机就会收到一个六位数的验证码，然后就可以重新设置密码，如图 5-12 所示。

登录之后，目前可以看到 12 个大的正方形色块，分别是：“微信收款”、“我的微店”、“订单管理”、“销售管理”、“客户管理”、“我的收入”、“促销管理”、“我要推广”、“卖家市场”、“入驻市场”、“分销市场”、“海淘精选”。左下角是“消息中心”，右下角是“设置”，如图 5-13 所示。

图 5-12 使用手机登录

图 5-13 微店

（1）微信收款。这里的微信收款不是说可以用微信支付。微信收款，其实是向微信好友收款，卖家设置好一个金额后，会自动生成一个付款链接，可以把这个链接发给微信好友，买家可以通过这个链接向卖家支付。如果有买家在你的微店里买了东西，买家和你砍价，你和买家谈妥价钱后，就可以使用微信收款。

（2）我的微店。这是卖家常用的功能，可以查看添加商品信息。

（3）订单管理。这也是卖家常用的功能，主要是商品的订单管理。

（4）销售管理。销售管理有“成交订单”、“成交金额”及“每日访客”的具体数据，如图 5-14 所示。单击相应的版块，如“成交金额”，还可以显示最近一个月的数据统计，如图 5-15 所示。

图 5-14 销售管理

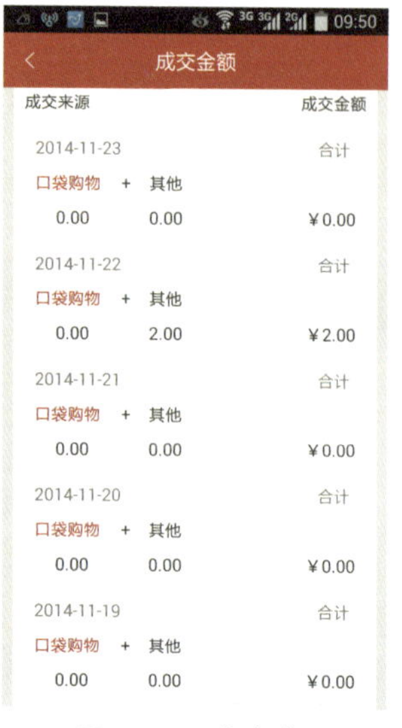

图 5-15 成交金额

（5）客户管理。在这里，卖家可以看到买家发生过多少笔交易，交易金额总共是多少，是用来维护客户尤其是老客户的，如图 5-16 所示。

（6）我的收入。在这里可以绑定卖家的银行卡，卖家的收入会在交易次日自动提现到该银行卡，一般是 1~2 个工作日到账。单击“我的银行卡”，如图 5–17 所示。

选择开户银行，填写两次银行卡号，如图 5–18 所示。

需要注意的是：银行卡仅支持储蓄卡，不支持信用卡；填写的银行卡的开户人姓名必须与注册时填写的姓名、身份证号一致，否则无法提现。

图 5–16 客户管理

图 5–17 我的收入

（7）促销管理。卖家可以设置一些私密优惠促销活动来吸引买家，只有收到活动链接的买家才可以享受相应的优惠，如图 5–19 所示。

目前的私密促销活动就是折扣。比如，可以设置 9 折，生效时间和结束时间，如图 5–20 所示。

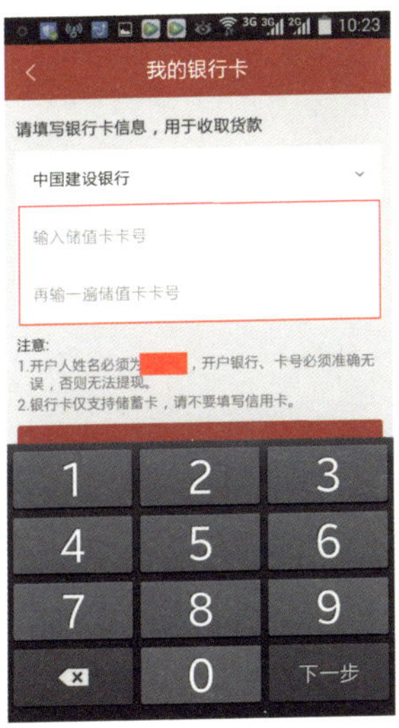

图 5–18 我的银行卡

图 5–19 促销管理

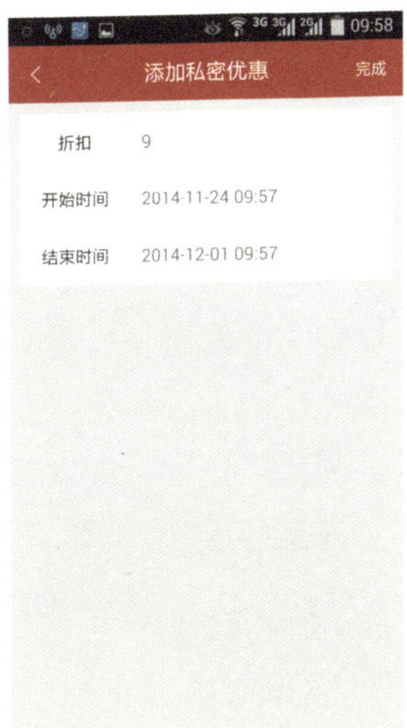

图 5–20 添加私密优惠

卖家可以把私密折扣优惠的链接分享出去，如图 5-21 所示。

卖家也可以随时删除私密优惠活动，如图 5-22 所示。

图 5-21 把私密折扣优惠分享出去

图 5-22 删除私密优惠活动

友情店铺：近似于友情链接，就是在卖家店铺的最底部出现其他微店的图文链接。

分成推广：推广者分享卖家店铺和店铺里的商品后，通过分享的链接发生交易之后，推广者就可以获得佣金。

口袋直通车：是口袋购物为广大商家推出的一种全新的个性化营销平台。是为广大商家量身定制的，按点击效果付费的营销工具，实现宝贝的精准推广。

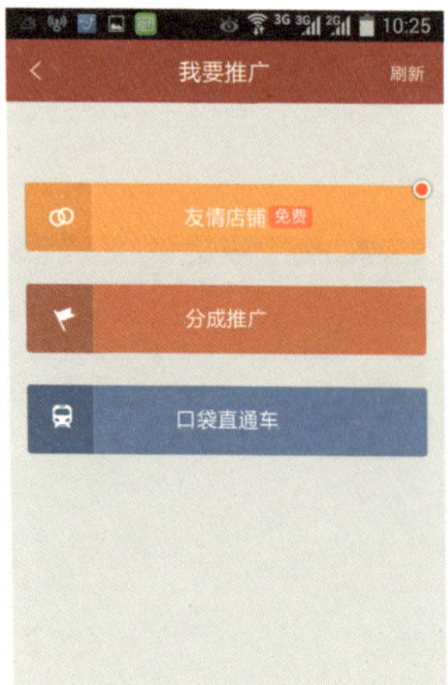

图 5-23 我要推广

图 5-24 卖家市场

（8）卖家市场。单击“卖家市场”，可以看到 3 个模块。“批发市场”里入住了一些商家，可以从这里进货。“转发分成”设置了有奖转发的店铺，让大家帮你推广。“附近微店”通过定位就可以知道你附近的店，如图 5-24 所示。

（9）入驻市场。单击“入驻市场”在其页面中会显示 3 条信息，口袋购物、代购现场和今日半价，如图 5-25 所示。

口袋购物的入驻条件是开通担保交易或店铺至少有一笔成功交易订单。满足以上 1 个条件即可。

代购现场的入驻条件是海外微店卖家、开通担保交易、微店开店 6 个月以上，以及微店收藏数高、销量高优先。

今日半价的入驻条件：根据开店时长、经营品牌知名度、品牌正品资质、店铺运营综合指标等条件邀约入驻。

图 5-25 入驻市场

图 5-26 海淘精选

（10）海淘精选。单击此按钮即可显示如图 5-26 所示。

（11）消息中心。“消息中心”是微店官方发布的消息窗口，卖家可以关注。在这里，微店官方会发布新功能的解读、微店运营技巧等内容，如图 5-27 所示。

（12）设置。这里的“淘宝搬家助手”很不错，淘宝卖家可以一键把自己淘宝店里的商品搬到微店，如图 5-28 所示。

图 5-27 消息中心

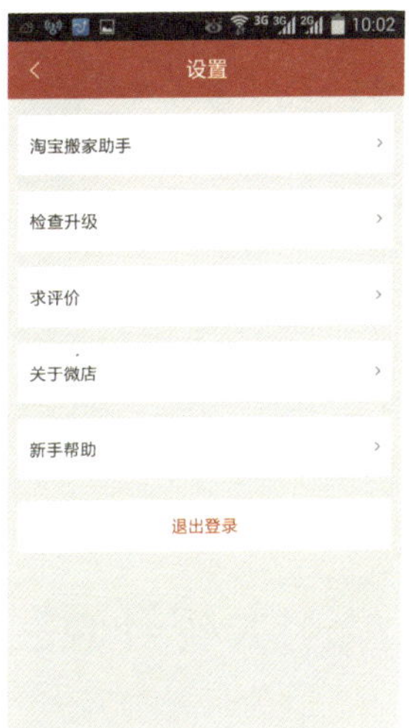

图 5-28 设置

5.4 设置店铺图标、店铺名称、微信号和店铺公告

微店目前不限制店铺相关信息的修改。你可以修改店铺图标、店铺名称、微信号和店铺公告等，具体操作步骤如下。

（1）单击“我的微店”，如图 5–29 所示。

（2）在弹出的对话框中，单击“编辑”按钮，如图 5–30 所示。

（3）进入“编辑店铺”界面。现在，就可以修改店铺相关的店标、店铺名称、微信号和店铺公告了，如图 5–31 所示。

图 5–29 单击“我的微店”

图 5–30 单击“编辑”按钮

图 5–31 “编辑店铺”的界面

5.5 怎样开通担保交易

你的微店有没有开通担保交易呢？开通后客户看到你的商品，会有“已经开通担保交易”字样，客户会更加的信任，而且开通后还能参加更多的优惠活动。开通担保交易都有哪些好处呢？

（1）“附近的微店”优先推广开通了担保交易的微店。

（2）开通担保交易，就能报名官方活动。

（3）买家有保障，不用担心受骗，购买更放心。

（4）卖家扩大陌生买家市场，促成更多交易，提升购买转化率。

担保交易有助于吸引陌生客户下单，那么怎么开通微店担保交易呢?

图 5-32 单击“我的微店”

图 5-33 单击“编辑”

（1）单击“我的微店”，如图 5-32 所示。

（2）进入我的微店，单击“编辑”按钮，如图 5-33 所示。

（3）在打开的页面中点击“担保交易”，进入详情，如图 5-34 所示。

（4）单击“开通担保交易”，这里讲述了详细的担保交易注意事项，如图 5-35 所示。

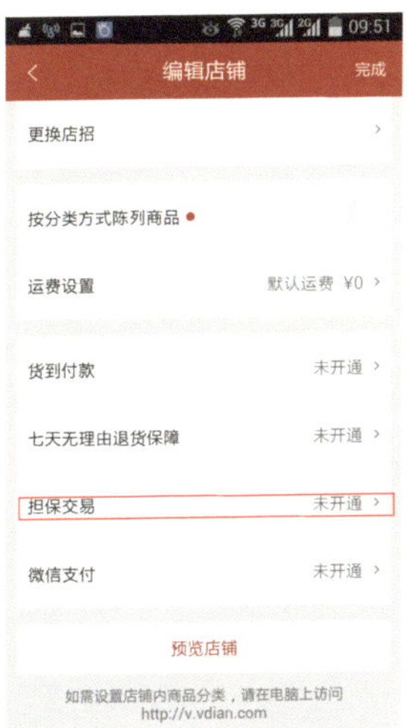

图 5-34 点击“担保交易”

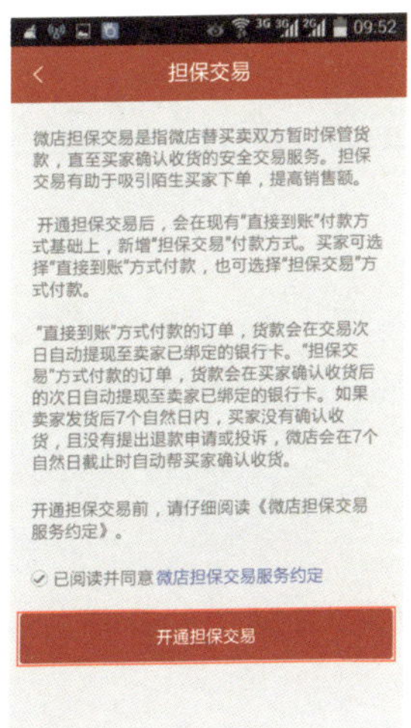

图 5-35 单击“开通担保交易”

（5）弹出提示框，提示“开通担保交易后，需要联系客服，才能帮您取消担保交易设置。是否确认开通？”单击“是”，如图 5-36 所示。

（6）即可开通担保交易，如图 5-37 所示。

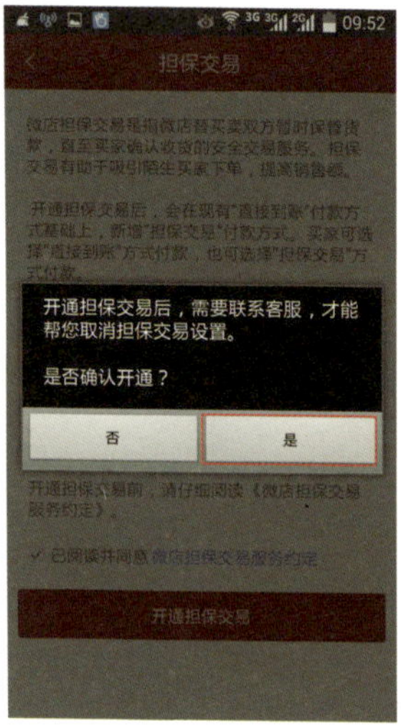

图 5-36 提示框

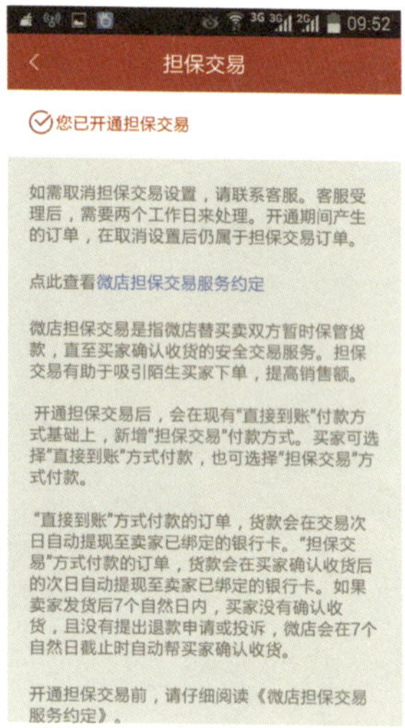

图 5-37 开通担保交易

5.6 怎样登录微店

现在越来也多的人选择一种新的创业方式——微店。也许新手开了一家微店，那该如何登录自己的微店去看看呢？

（1）启动微店，打开主界面，单击底部的"登录"按钮，如图 5-38 所示。

（2）输入注册时填写的手机号，如图 5-39 所示。

（3）单击"完成"，即可登

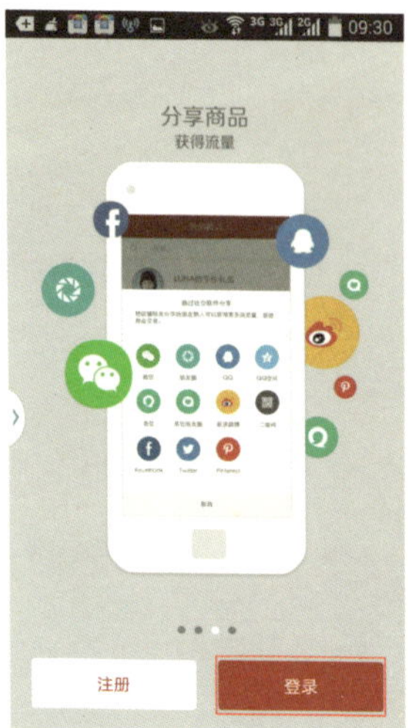

图 5-38 启动微店

图 5-39 输入手机号码

录到微店，如图 5-40 所示。

图 5-40 登录到微店

5.7 怎样让别人登录我的微店

某些时候，需要让他人代为管理自己的店铺，该怎么办呢?

（1）自己先退出登录，单击底部的（设置），如图 5-41 所示。

（2）打开“设置”界面，单击“退出登录”按钮，如图 5-42 所示。

（3）弹出提示框，提示“你确定要退出微店吗？”，单击“确定”按钮，即可退出登录，如图 5-43 所示。

图 5-41 单击底部的“设置”

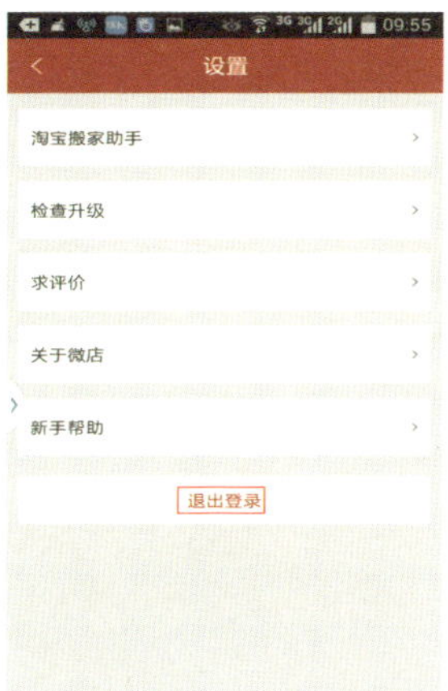

图 5-42 退出登录

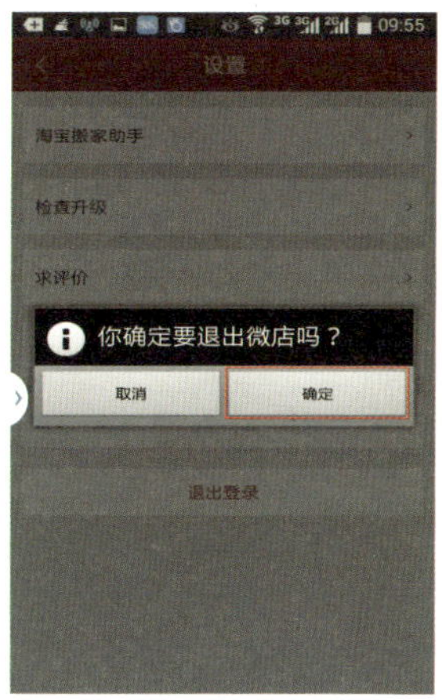

图 5-43 确认退出登录

（4）用别人的手机打开微店界面，单击“登录”按钮，如图 5-44 所示。

（5）打开“登录”界面，输入“手机号码”和“密码”，单击“完成”按钮，如图 5-45 所示。

（6）登录微店，如图 5-46 所示。

图 5-44 微店界面

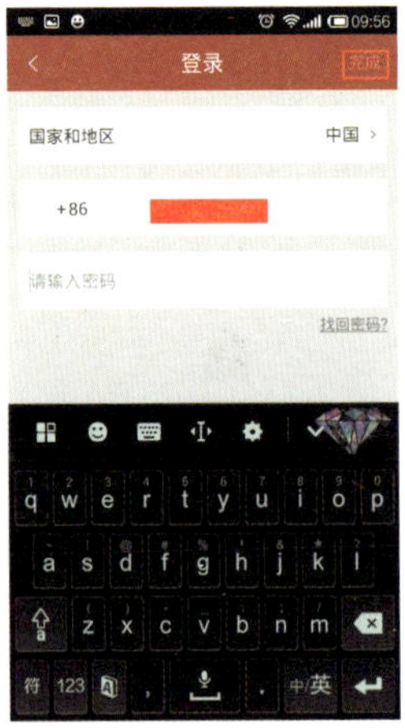

图 5-45 输入“手机号码”和“密码”

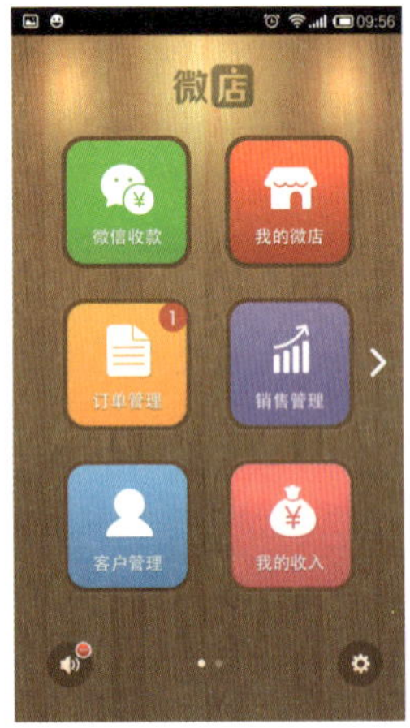

图 5-46 登录微店

第6章　在微店发布并推广商品

在微店免费注册成功，选择合适的商品之后，就可以发布商品卖东西了。在发布商品后需要推广才能吸引更多的人购买。

6.1 商品的定价技巧

对于很多新手卖家来说，基本上都在价格定位上做文章。无法在价格上取得优势的卖家，往往会选择亏本销售或无利润销售，从而抢占市场，在价格的区分上没有过多的选择；而对于有渠道优势的卖家或自产自销的卖家来说，价格上有多元化的选择，有利于自己的定价方法。

6.1.1 商品定价必须考虑的要素

商品定价是开店最简单的一件事情。然而，越是简单的事，如不加以考虑，办起来却很有难度。有一些人自认为对定价了如指掌，不必再去费尽心思考虑，其实这样做往往会导致利润的大量流失。所以，武断地制定一个恒久不变的标准价格是个很严重的错误。因为在大多数情况下，这种价格往往不会给你带来任何利润。定价时需要考虑的因素很多，具体来说，要特别注意以下要素。

1. 市场竞争情况

为商品定价时应该考虑市场上其他商品是如何定价的，再仔细权衡，从而为自己的商品定价。商品诱惑力的高低，直接决定着消费者购买的意愿及数量。如果商品具有一定的吸引力，此商品的销售数量会大大增加；如果商品没有吸引人的地方，那么不论如何促销、降价，都不能成功售出。

2. 市场的性质

（1）首先考虑买家的消费习惯，一旦买家使用习惯了一种品牌的东西，就会形成一种购买习惯，不易改变。

（2）考虑销售市场的大小。销售一种商品时，要准确确定自己的买家群，要了解有这种买家群构成的市场走向怎样。

3. 销售策略

制定商品销售策略，要根据商品性质、企业形象以及店铺的特性。如销售品质优良的名牌产品，则需要定高价，人们才觉得物超所值。一些流行性十分强的商品，也需要定高价，因为一旦流行期过后，就会削价。如果销售过时的商品则需要定低价，才会使商品顺利打开销路。

4. 商品形象

一些历史悠久、商品品质优良的品牌店铺。服务周到，已经闯出了名号，奠定了根基，使得买家首先会想到它，因此定价可以稍高。

5. 经销路线

一种产品从厂商售出，要经过许多中间商才能到消费者手。因此，为了保障消费者的合法权益，使价格不会增长到太夸张的地步或无意义涨价，就要采取公定价格制度，表示公平。

6.1.2 商品定价的诀窍

商品定价必须懂“数字”，不会计算的人不会富。万事都要做到心中有数，才能知道事情的重要程度，才能有效衡量盈亏。

1. 非整数法

“差之毫厘，失之千里。”这种把商品零售价格定成带有零头结尾的做法被销售专家们称之为“非整数价格法”。很多实践证明，“非整数价格法”确实能够激发出消费者良好的心理呼应，获得明显的经营效果。如一件本来值 10 元的商品，定价 9.8 元，肯定能激发消费者的购买欲望。这里的“非整数价格法”并不是一定要是非整数，比如本来价值 400 元，定价 399 来销售，这也是“非整数价格法”。大量的商品采用了非整数法定价，如图 6-1 所示。

把商品零售价格定成带有零头结尾的非整数的做法，是一种极能激发消费者购买欲望的价格。非整数价格虽与整数价格相近，但它给予消费者的心理信息是不一样的。

一家网上服装店店进了一批货，以每件 100 元的价格销售，可购买者并不踊跃。无奈商店只好决定降价，但考虑到进货成本，只降了 2 元钱，价格变成 98 元。想不到就是这 2 元钱之差，购买者络绎不绝，货物很快销售一空。

图 6-1 商品采用了非整数法定价

2. 整数法

美国的一位汽车制造商曾公开宣称，要为世界上的富人制造一种大型高级豪华轿车，价格定为 100 万美元的整数价。为什么？因为高档豪华的购买者，一般都有显示其身份、地位、富有、大度的心理欲求，整数价格正迎合了这种心理。

对于高档商品、耐用商品等宜采用整数定价策略，给买家一种“一分钱一分货”的感觉，以树立品牌形象。如图 6-2 所示的包包就采用了整数法定价。

图 6-2 采用了整数法定价

3. 定价时用小单位

定价时采用小单位，会让买家感觉商品的价格比较便宜，如茶叶每市斤 100 元定成 5 元 / 两；或用较小单位商品的价格进行比较，如“使用这种电冰箱每天只耗半度电，才 2 毛钱”。

4. 选易为买家接受的数字定价

据调查发现，商品定价时所用数字的频率，依次是 5、8、0、3、6、9、2、4、7、1。这不是偶然的，究其根源是买家消费心理的作用。带有弧形线条的数字，如 5、8 等比不带弧线的数字有刺激感，易为买家接受；而不带有弧形线条的数字，如 l、7、4 等比较而言就不大受欢迎。

在价格的数字应用上，应结合国情。很多人喜欢 8 这个数字，并认为它会给自己带来发财的好运；4 因为与“死”同音，被人忌讳；因中国老百姓有六六大顺的说法，6 字比较受欢迎。如图 6–3 所示，定价数字中有 8，这是买家容易接受的数字。

图 6–3　买家容易接受的数字定价

6.1.3 商品涨价有哪些技巧

许多店铺对商品涨价都十分敏感，他们希望保持现状，尽量少涨价，因为买家一旦发现涨价就会产生抵触心理。其实店铺不应过于害怕涨价，他们应该在经营中做到即使提价，也不会遭到买家的反对，还能吸引买家上门。所以，店铺必须针对不同的时期、不同的商品和买家不同的心理，运用适当的提价技巧。

1. 公开采购成本

当店铺公开成本不断上涨时，就要将售价提高，为减轻买家抵触心理，应将商品采购成本如实向买家宣布，让买家接受涨价的事实，减轻涨价的心理负担。

2. 部分商品的价格分别提升

提升商品价格可分为部分提价和全部提价。商品全部提价时，买家会心生不满，所以，店铺要采取部分提升价格的方法。

3. 选择适合的涨价时机

涨价要把握住合适时机，机会一旦错过，价格就不容易提升了。有利的提价时机如下：

（1）买家知道采购成本上涨时；

（2）季节性商品换季时；

（3）年度交替时；

（4）有传统节日和传统习俗时。

4. 切实把握好涨价的幅度

买家一般对为什么涨价不关心，他们只关心涨价后的价格与自己心目中的价格标准十分接近。因此，经营者需要大幅度调整商品价格，要采取分段调整的方法，每次涨价的幅度一般不超过 10%。

5. 附加馈赠

商品涨价时，不能损害商店正常的收益，要搭配附属商品或赠送一些小礼物，提供某些特别的优惠。这样给买家一种商品价格提高是由于搭配了附属商品的感觉。过一段时间后，再重新恢复到原有水平，这样做要注意时间的配合。

买家是不希望涨价的，但涨价并不意味着销量下降，有时涨价还会引起购物高潮。因此，只要涨价策略运用得当，就会增加利润。

6.1.4　商品降价有哪些技巧

降价是指调低原定的商品价格。降价有多种原因，主要包括以下几个方面：市场饱和，商品供大于求；通货紧缩，市值上升；采购的商品不恰当；定价太高，销售额不高；为了竞争，使市场占有率提高；改变销售策略；商品本身的贬值。

降价可能会导致多销，也可能会引发滞销。因此，商品降价需要掌握一定的技巧。

1. 适合的降价理由

在降价时，必须让买家认识到这是一次绝好的让利机会，这是根本原则。只有让消费者认可了降价的动机和目的，才能真正有可能让他们“兴奋”买单、“踊跃”买单。在圣诞节促销降价如图 6-4 所示。

图 6-4 在圣诞节促销降价

2. 选择适合的降价时机

在商品降价的时间选择上，可以提前，也可以推迟。

提前降价有几种优势：第一，可在市场需求活跃时，就将商品销出去；第二，提早降价可以为新商品腾出销售空间；第三，早降价能够加速企业资金周转，大大改善现金流动状况。

推迟降价可以避免降价频繁，干扰正常商品的销售。此外，延迟降价可以减少由于降价带来的毛利减少。

选择降价时机时，关键要把握降价的效果。如果商品能很好地销售，则可以推迟降价，如果降价能够刺激买家的购买欲，可以加速商品的销售，就应该采用提前降价的策略。

3. 控制适宜降价幅度

降价幅度，对销售效果会产生重大影响。降价幅度太小，不能引起买家的注意。而一次性降价幅度过大，买家则会怀疑商品的使用价值、商品质量等，同样会阻滞商品销售。甚至如果降价之后的利润不能维持店铺的正常运营，最终也就失去了降价的意义。消费品的降价幅度不宜超过 50%，一般商品应该控制在 10%~40%。

4. 不宜频繁降价

频繁降价会使买家的心理产生不良反应。如果店铺不断地搞降价销售，买家就会认为:“降价销售的商品价格，就是该商品本身的价格。”如果买家产生这种想法，降价就会失去对买家的吸引力。

5. 可灵活运用多种降价方法

例如，可一次性出清存货，即每年搞几次降价销售，如国庆节、春节等旺销期之后，集中一次降价出售商品提供较长期限。同时，也可以增强买家对店铺正常价格政策的信任。

总之，只要灵活运用降价方法，就一定可以利用价格策略让店铺的商品销售火爆起来。

6.2 在微店发布商品

手机登录微店之后，打开“我的微店”，单击右上角的“添加”，如图6-5所示。就进入了添加商品的具体页面，必须填写的有4项：商品图片、商品描述、商品价格和商品库存，还有一个选填项，就是“添加型号”，如图6-6所示。

图6-5 打开“我的微店”

图6-6 添加商品页面

6.2.1 商品图片

单击“+”号即可上传商品图片，可以立即拍照上传，也可以从手机相册里选择，最多可以上传9张图片，如图6-7所示。第一张图片是主图，会直接显示在卖家店铺里。买家进入你的微店后看到的商品就是这一张图，非常重要，所以一定要想好第一张图片放什么。添加完图片如图6-8所示。

图 6-7 选择图片

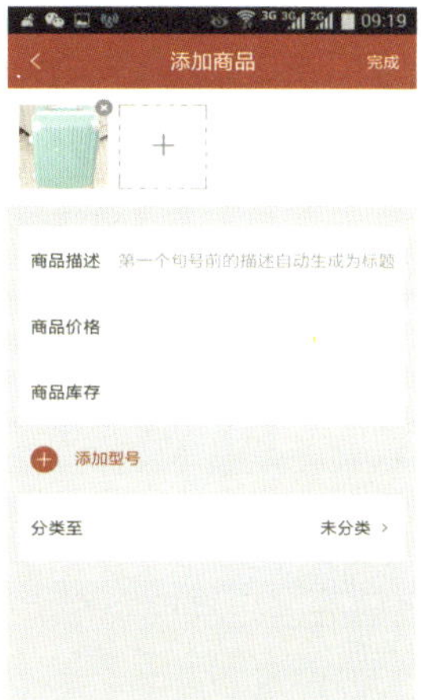

图 6-8 添加完图片

6.2.2 商品描述

微店的商品描述没有那么复杂，不分商品标题、商品参数、商品详情等，就是直接一个填写框，可以填写大量的文字。

商品描述的前 20 个字非常重要，因为这些字和主图会在微店首页直接显示。这 20 个字最好包括商品名称、是否包邮、相关优惠等信息。商品描述时，一个段落不要字太多，可以分段，段落与段落之间最好空一行。

6.2.3 商品价格和库存

商品价格可以具体到分。卖家如何给商品定价？在商品是正品的情况下，建议比大的网上商城（如当当、京东等）便宜一点点，哪怕是便宜一毛钱，不用便宜太多。

建议卖家设置的库存数量，要比实际的库存多一两件。比如，卖家某个商品实际只有 1 件，就可以设置 2 件，甚至 3 件，因为买家只要提交订单，哪怕没有付款，库存也会减少。有些买家的订单没有支付成功，而又找不到原来的订单来支付，就会重新把他要的商品放到购物车。如果卖家设置的库存是 1，而买家提交了订单，虽未支付，但这个商品的库存变为 0，不会再在首页上显示，买家就找不到他想要的商品了，可卖家实际上还有一个库存。如果商品没有库存了，建议不要直接删除这个商品，把商品库存直接改为 0 即可，即表示下架。等重新进货后，只要改一下商品库存就可以重新上架，而不必再上传图片、商品描述、价格等。

6.2.4 商品型号

对于不同型号但价格一样的商品，不建议卖家使用这个功能。一般的型号，比如大小、尺寸、颜色等，卖家可以直接在商品描述里说明，告诉买家在“买家备注”里写明型号。如果一种商品有不同的型号，且价格不一样，可以把每个型号单独作为一个商品上传到自己的微店店铺，因为让买家在微店里选型号是一件有点麻烦的事情。

如图 6–9 所示设置的商品描述、商品价格和商品库存，经过以上步骤，单击右上角的“完成”，商品就添加成功了，如图 6–10 所示。

进入“我的微店”中，可以看到添加成功的商品，如图 6–11 所示。

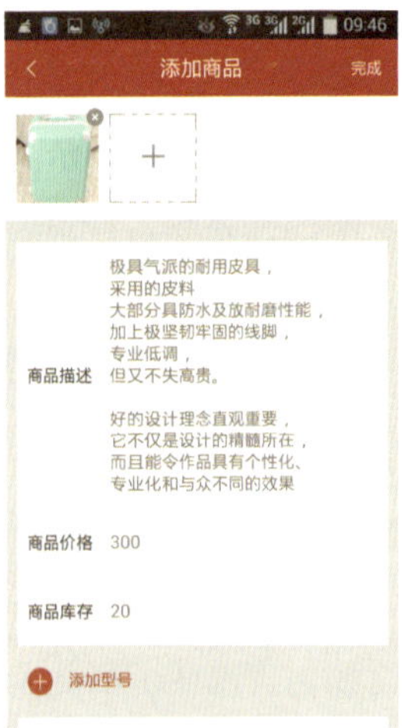

图 6–9 商品描述、商品价格和商品库存

图 6–10 商品添加成功

图 6–11 我的微店

6.3 预览商品

添加完一件商品后，单击商品进行预览，如图 6–12 所示。

如果预览以后没发现问题，单击“返回”即可，如果发现有问题，则“返回”，单击“编辑”，对商品进行编辑，如图 6–13 所示。

这里需要提醒的是，编辑商品时，可以单击下面的“店长推荐”，一个是“热卖商品”。所有上传的商品都自动归结为“热卖商品”，而“店长推荐”商品则需要卖家主动设置，如图 6–14 所示。设置后的效果如图 6–15 所示。

图 6–12 预览商品

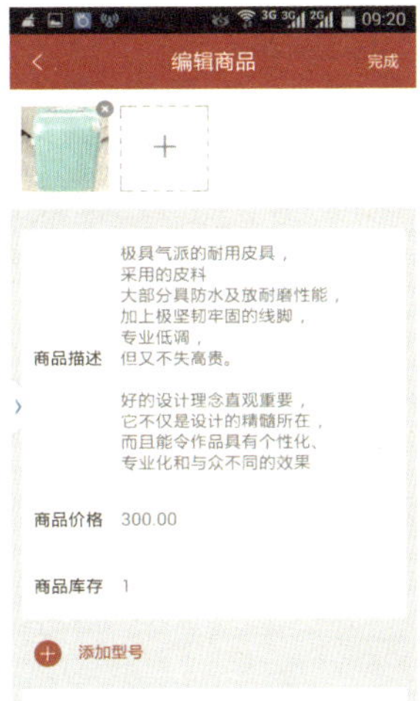

图 6–13 编辑商品

6.4 微店网页版对商品分类

（1）微店网页版 http://v.vdian.com/，输入手机号，单击“下一步”按钮，如图 6–16 所示。

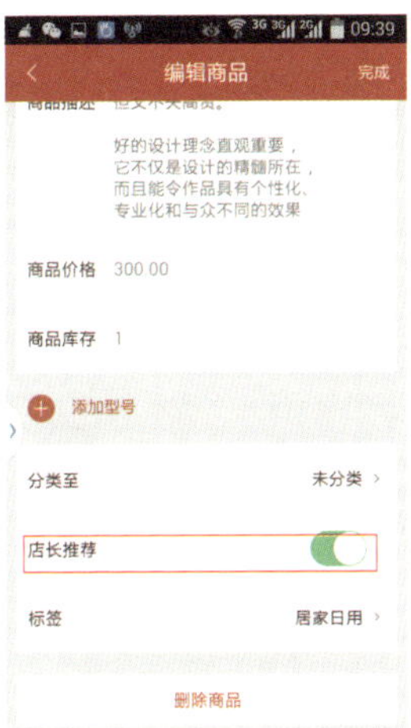

图 6–14 设置“店长推荐” 图 6–15 “店长推荐”效果

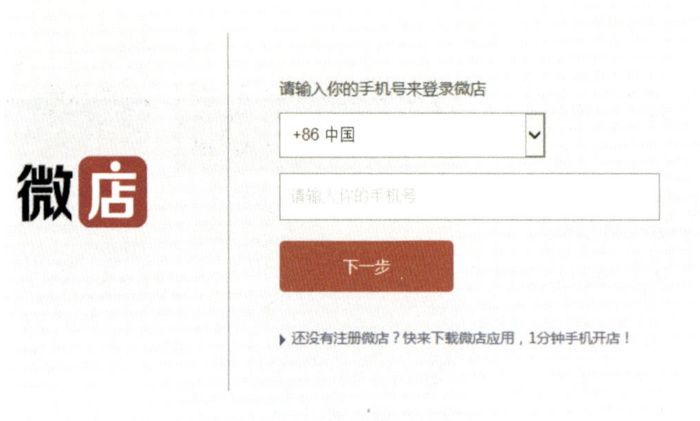

图 6-16 微店网页版

（2）打开如图 6-17 所示的页面，输入密码。

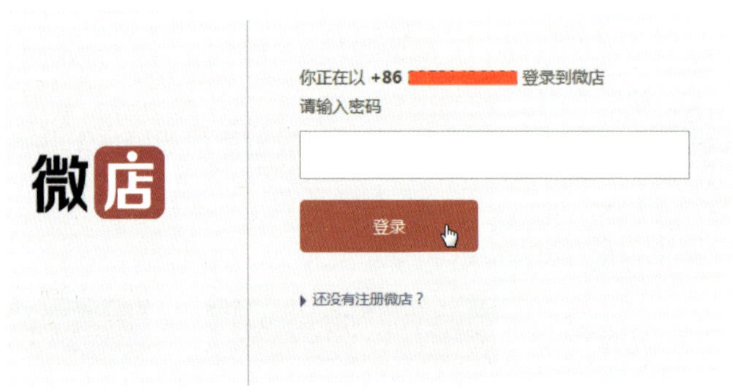

图 6-17 输入密码

（3）进入到如图 6-18 所示的页面，单击“我的微店”。

图 6-18 单击“我的微店”

（4）进入到“我的微店”，单击左侧的“分类管理”按钮，如图 6–19 所示。

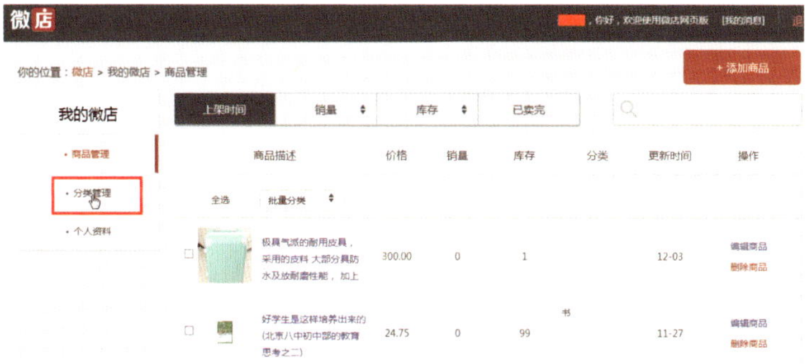

图 6–19 单击“分类管理”按钮

（5）进入到如图 6–20 所示的页面，单击“添加分类”按钮。

图 6–20 单击“添加分类”按钮

（6）在页面想下方即可出现文本框，在文本框中输入“分类名称”，如图 6–21 所示。单击“保存更改”按钮，即可提示保存成功。

图 6–21 输入“分类名称”

（7）商品分类添加成功后，单击“商品管理”进入商品管理界面，单击“批量分类”，勾选你想设置的分类，勾选你想设置在已勾选分类中的商品，单击“保存”，即可批量将商品设置在某个商品分类中，如图 6–22 所示。

图 6–22 批量编辑宝贝分类

（8）单击保存后，效果如下图，商品分类已成功，如图 6–23 所示。

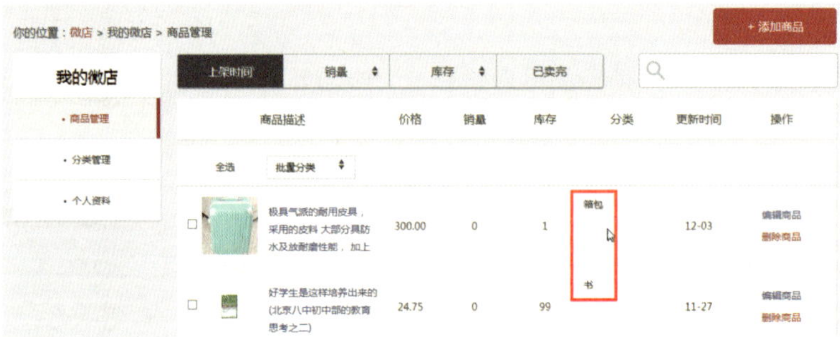

图 6–23 商品分类已成功

除了批量设置外，还可以对单个商品进行分类设置。进入商品管理界面后，针对单个商品单击“编辑商品”，即可进入编辑商品界面，如图 6–24 所示。

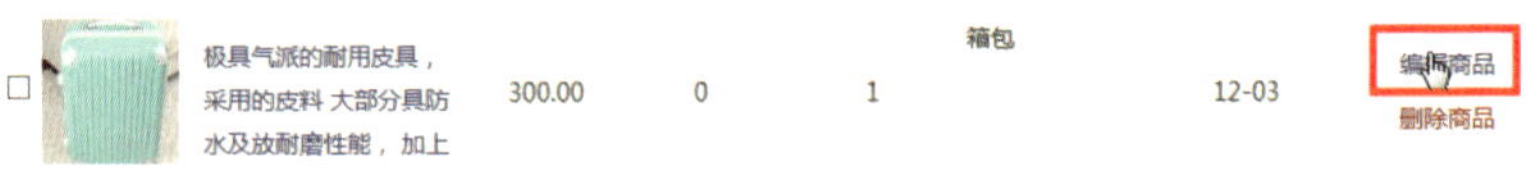

图 6–24 单击“编辑商品”

在编辑商品界面，可以对该商品进行分类，勾选对应分类，单击“提交”即可，如图 6–25 所示。

图 6–25 编辑商品界面

进入我的微店预览店铺，单击 “商品分类”，可以看到刚才设置的两个分类，如图 6–26 所示。

单击箱包分类，即可看到刚才的分类，如图 6–27 所示。

图 6–26 单击 “商品分类”

图 6–27 箱包分类

6.5 将商品发给微信好友

（1）要将商品直接发给微信好友，在“我的微店”单击要分享的商品下面的“<”，如图6-28所示，弹出对话框后，单击“微信”图标，如图6-29所示。

图6-28 单击<

图6-29 单击“微信”图标

（2）弹出选择朋友微信，如图6-30所示，选择要发送的朋友后，弹出分享内容的对话框，如图6-31所示。

图6-30 选择朋友

图6-31 分享内容的对话框

（3）单击“分享”按钮，分享成功，如图 6-32 所示，单击“留在微信”，打开与分享朋友的聊天记录，如图 6-33 所示。

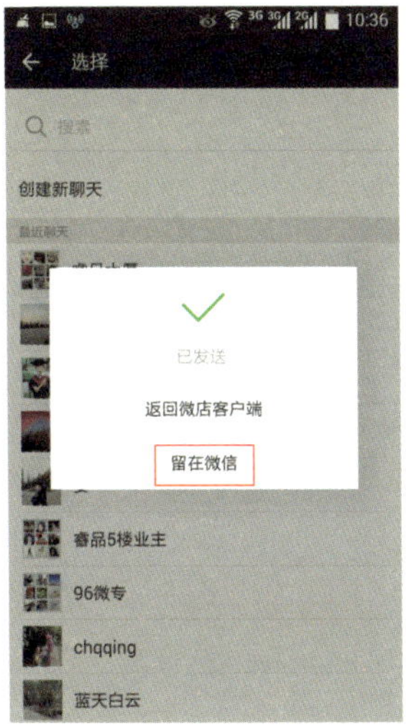

图 6-32 分享成功

图 6-33 聊天记录

6.6 促销管理

可以通过促销管理创建“私密优惠”活动，该活动属于全店打折活动，但只有将此“私密优惠”链接发给相应客户，才能使该客户享受到相应优惠。

（1）进入我的微店，单击“促销管理”图标，如图 6-34 所示，进入促销管理页面，其中有“限时折扣”和“私密优惠”两个选项，首先单击“限时折扣”，如图 6-35 所示。

图 6-34 单击“促销管理”图标

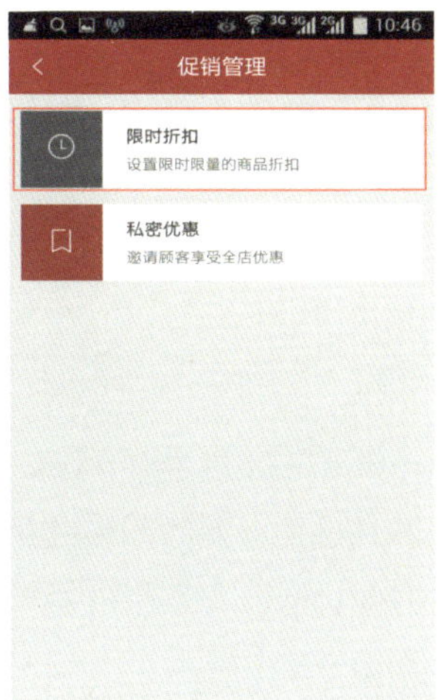

图 6-35 单击“限时折扣”

（2）进入添加“限时折扣”页面，单击右上角的“添加”，如图6–36所示。进入到“选择折扣商品”页面，选择相应的商品，如图6–37所示。

（3）输入折扣价，选择开始时间和结束时间，单击右上角的“完成”，如图6–38所示。

图6–36 添加“限时折扣”

图6–37 选择商品

（4）限时折扣添加完成，如图6–39所示。

（5）单击如图6–35所示的“私密优惠”，进入添加私密优惠页面，单击右上角的“添加”，如图6–40所示。

（6）在折扣中填写9，并且设置开始时间和结束时间，单击“完成”按钮，如图6–41所示。

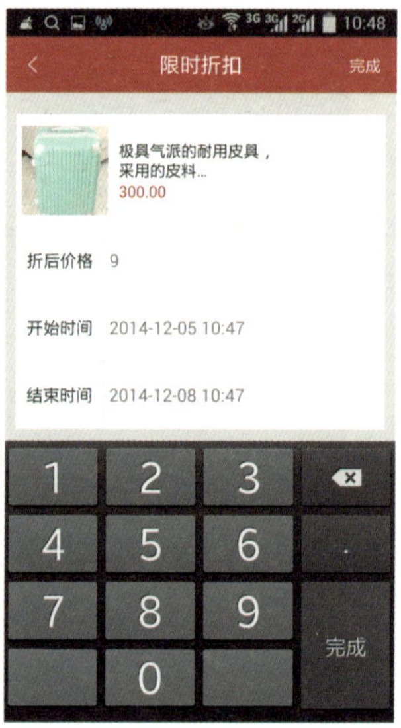

图6–38 设置限时折扣

图6–39 限时折扣效果

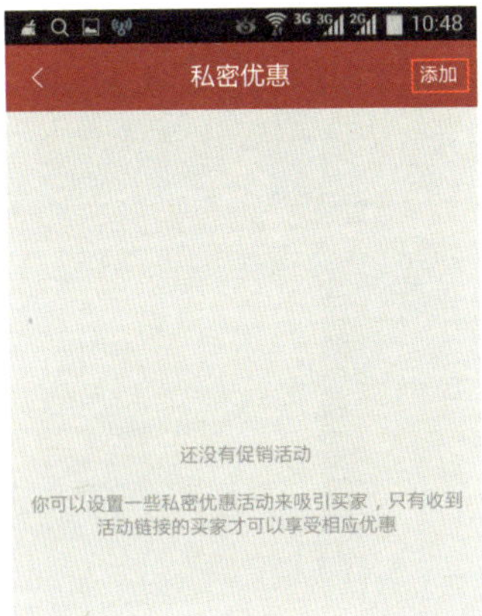

图 6-40 添加私密优惠

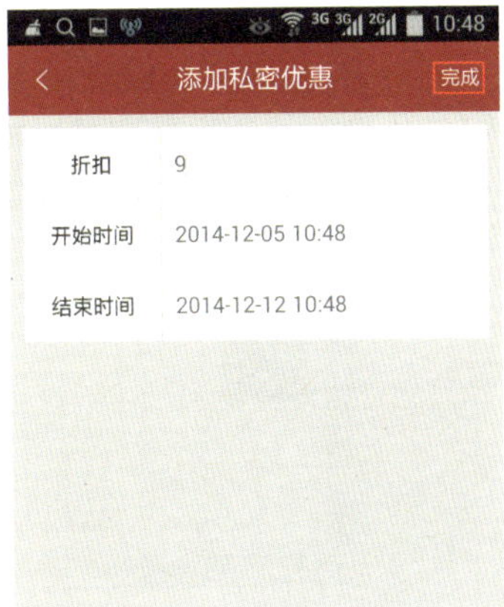

图 6-41 添加私密优惠

（7）私密优惠添加成功，单击微信图标将此私密优惠发给微信客户，如图 6-42 和图 6-43 所示。

图 6-42 将私密优惠发给微信客户

图 6-43 将私密优惠发给微信客户

（8）单击“分享”按钮，如图 6-44 所示。

（9）提示“已发送”，即分享成功，如图 6-45 所示。

图 6-44 将私密优惠发给微信客户

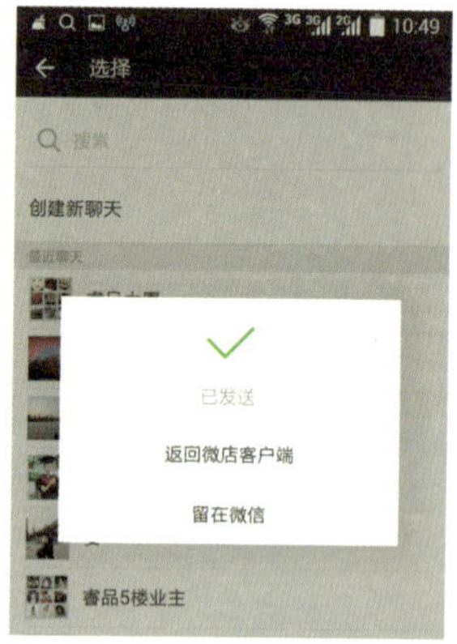

图 6-45 分享成功

6.7 推广自己的微店

有掌柜抱怨自己的微店已经开业一段时间了，却没有用户来访问。这里给大家介绍推广微店的方法，各位掌柜可以试试看。如图6-46所示，单击“我要推广”图标。

（1）在“我的微店”中将店铺或者商品分享到微信、朋友圈、QQ、易信、新浪微博等，朋友通过链接单击购买，如图6-47所示。

图 6-46 单击“我要推广”图标

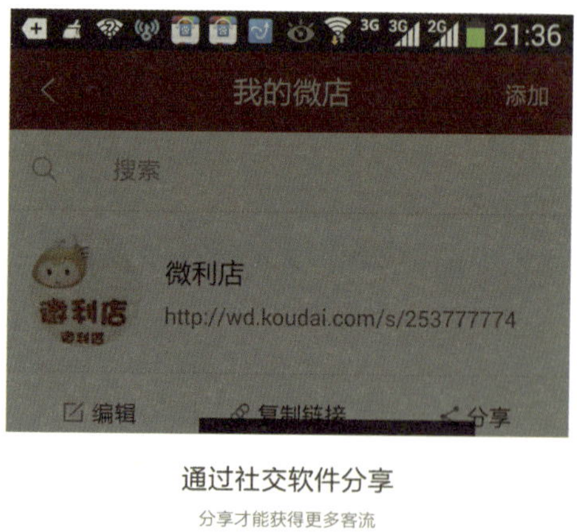

图 6-47 通过社交软件分享

（2）在“我要推广”下面有 4 个选项，分别是友情店铺、分成推广、口袋直通车、入驻市场，如图 6–48 所示。

（3）我要推广 – 友情店铺：添加一些流量比较高的好友，可以帮你的店铺带来流量，最多可以添加 10 个，也可以切换自动管理，如图 6–49 所示。

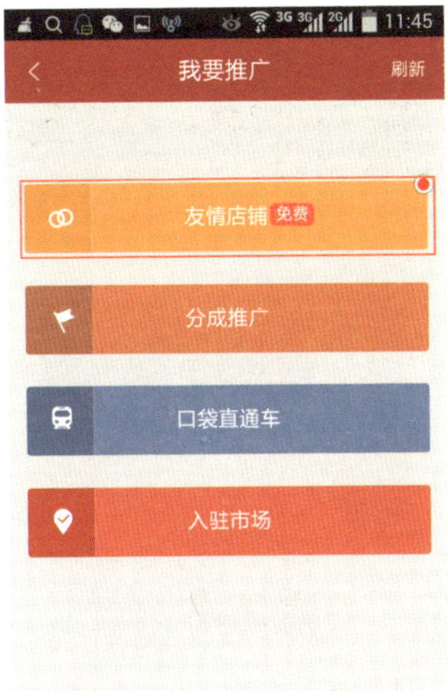

图 6–48 我要推广

图 6–49 友情店铺

（4）我要推广 – 分成推广：首先单击“同意”按钮，进入设定佣金比例页面，开通分成推广并设置有效的佣金比例后，在你的商品页面会增加“转发有奖”按钮，生成唯一标示链接，通过这个链接购买的订单，推广者会得到相应的佣金。如图 6–50 所示。

（5）我要推广 – 口袋直通车：口袋直通车是为商家量身定制的，按单击效果付费的营销工具，可以面向口袋购物上千万用户，对商品进行精准的推广，入驻直通车请单击口袋营销平台，如图 6–51 所示。

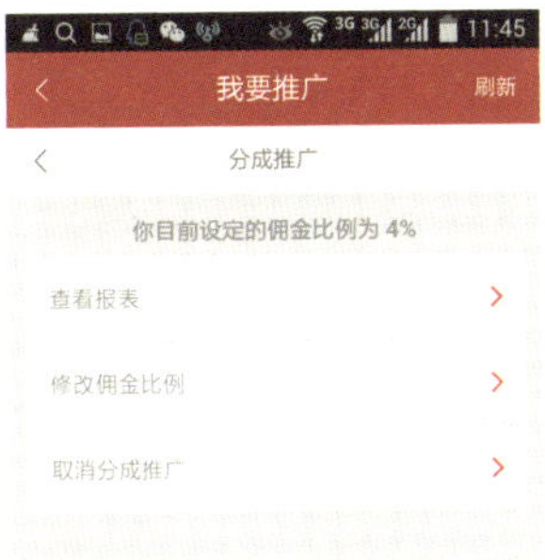

图 6–50 分成推广

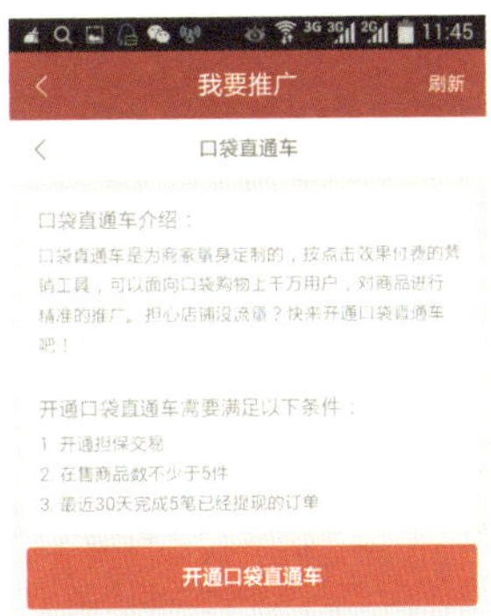

图 6–51 口袋直通车

（6）我要推广 – 入驻市场：入驻条件如图 6–52 所示。

图 6–52　入驻市场

第7章　在微店购物

微店购物诞生于移动互联网，之前没有智能手机的时候，无法实现微店购物，所以微店购物的历史并不长。微店购物于近两年开始火爆。卖家利用微店手机客户端开设微店，消费者实现微店购物要通过微信朋友圈、QQ 空间、微博等社交工具来实现。

7.1 进入卖家店铺

通过微店手机客户端创建一个店铺，卖家分享到社交平台。好友可直接利用手机购物，以付款、发货、确认收货为购物实现流程。

1. 通过卖家分享的商品或店铺链接

通过卖家分享到社交媒体上的商品或商品链接，这是买家进入到店铺最常用的方式，如图 7–1、图 7–2 和图 7–3 所示。卖家还可以复制商品或店铺链接通过短信发送给好友。

图 7–1 卖家分享的商品或店铺链接（1）

图 7–2 卖家分享的商品或店铺链接（2）

2. 通过扫描店铺二维码进入

扫描店铺二维码进入店铺，如图 7–4 所示。

图 7–3　卖家分享的商品或店铺链接（3）

图 7–4　扫描店铺二维码进入（1）

单击二维码，单击右上角的“更多”，即可将商品分享给好友，如图 7–5 和图 7–6 所示。

图 7–5　扫描店铺二维码进入（2）

图 7–6　扫描店铺二维码进入（3）

3. 通过在口袋购物 APP 搜索店铺名称

这需要买家已经安装了口袋购物的 APP（微店是口袋购物旗下的一个 APP）。

打开口袋购物，如图 7–7 所示。单击搜索，如图 7–8 所示。

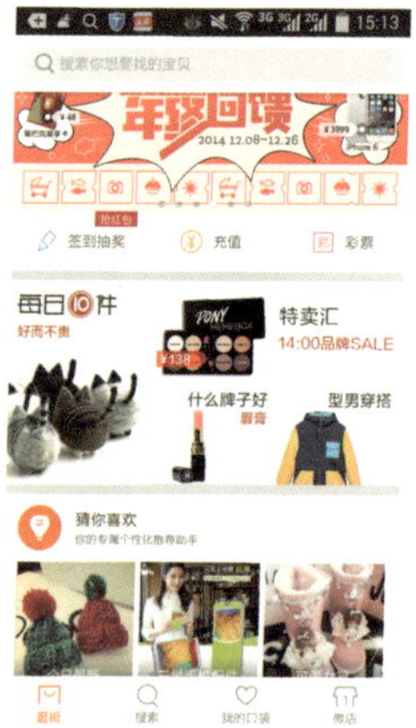

图 7-7　打开口袋购物

图 7-8　单击搜索

选择店铺并输入店铺名称，如图 7-9 和图 7-10 所示。

图 7-9　选择店铺

图 7-10　输入店铺名称

4. 卖家通过微信收藏夹进入店铺如图 7-11 所示。

7.2　填写收件地址

在微店单击任意商品，进入详细页面，单击底部的“我的微店”，如图 7-12 所示。

图 7-11　卖家通过微信收藏夹进入店铺

图 7-12　单击底部的“我的微店”

进入到如图 7-13 所示的页面，单击“收货地址”。由于还没有填写地址，这时需要单击底部的“添加新地址”按钮，如图 7-14 所示。

图 7-13　添加地址

图 7-14　添加地址

在这里添加新地址，如图 7-15 所示。单击“确定”按钮即可添加新地址。

可以把常用的地址设置为“默认地址”，如图 7-16 所示。

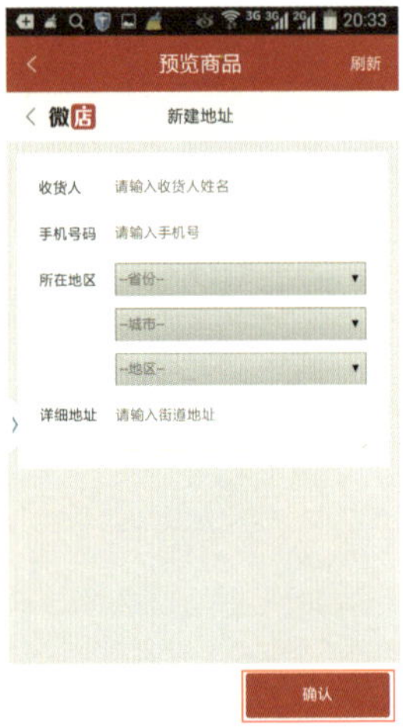

图 7-15 添加地址

图 7-16 设置为“默认地址”

7.3 支付费用

填写好收件人信息后，买家就可以支付了，进入“购物车”，如图 7-17 所示。单击底部的“继续购物”按钮，进入“确认下单”页面，如图 7-18 所示。

图 7-17 购物车

图 7-18 确认下单

单击“提交订单”按钮，进入到“支付中心”，目前显示的支付方式有4种：信用卡支付（推荐）、储蓄卡支付、支付宝和财付通，如图7–19所示。单击“信用卡支付（推荐）”，进入支付中心，如图7–20所示。

图7–19 4种支付方式

图7–20 支付中心

输入相应的银行信息，并获取银行验证码，如图7–21所示。

单击“查看订单详情”按钮，支付成功后，买家会获得两个提示，一是如图7–22所示的提示；二是会收到一条短信，如图7–23所示。

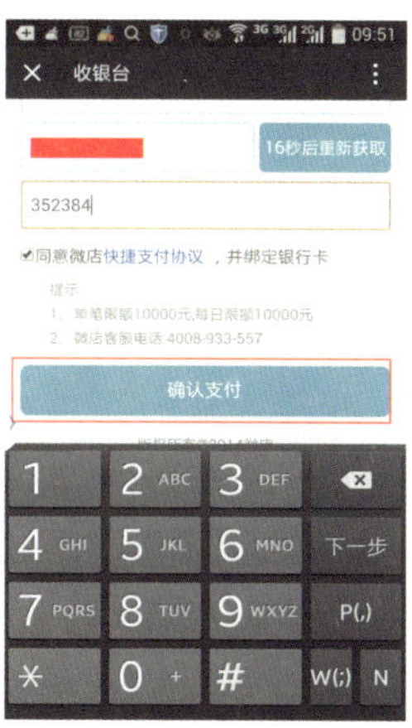

图7–21 获取银行验证码

图7–22 提示支付成功

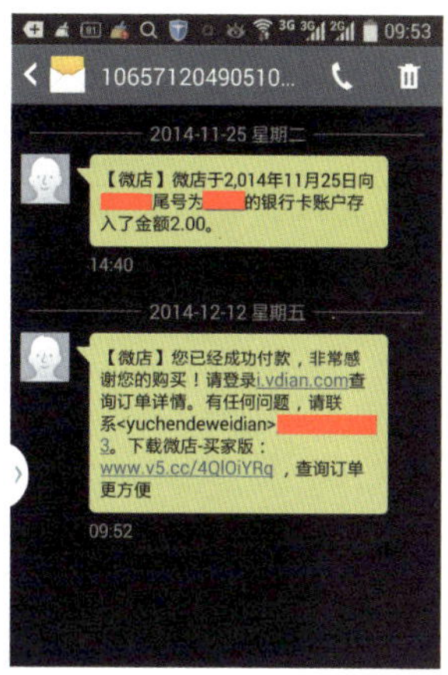

图7–23 短信提示

买家的订单支付成功后，卖家也会获得两个提示，一是手机短信提示，二是微店后台的提示。

7.4 担保交易

买家可以选择“担保交易”或“直接到账”的付款方式。整个购物流程差不多。

（1）单击“立即购买”，如图7-24所示。

（2）在购物车中即可看到购买的商品，图7-25所示。

图7-24 点击“立即购买”

图7-25 购买的商品

（3）单击“继续购买”，进入到“确认订单”页面，买家可以选择“担保交易”或“直接到账”，如果选择“担保交易”，就会收到提示：您确认收货后，微店才会将资金提现给卖家，如图7-26所示。“担保交易”的订单提交成功。

（4）买家收到货后，需要点击“确认收货”，如图7-27所示。

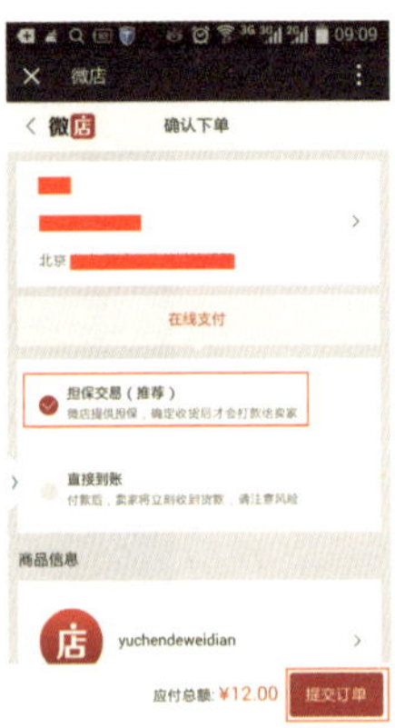

图7-26 选择“担保交易”

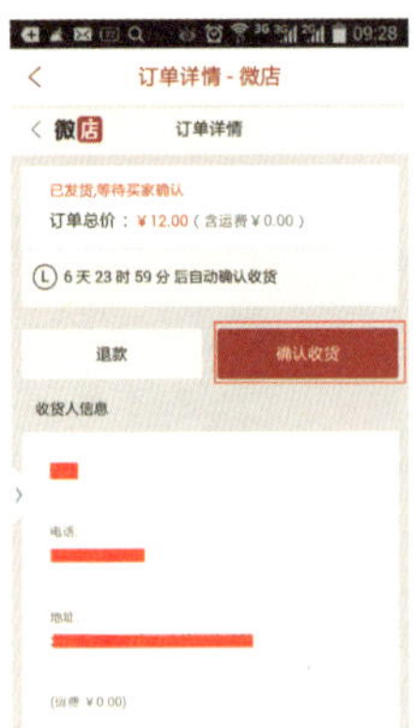

图7-27 确认收货

7.5 担保交易买家如何确认收货

（1）买家在开通担保交易的微店购买付款。买家有两个选择：担保交易和直接到账。如果是熟人之间的买卖，卖家可以告诉买家选择直接到账。这样开通担保交易既提高了店铺的信誉、可信度，又不会影响到账时间，如图 7–28 所示。

（2）付款后，买家会收到短信息，内容如下，如图 7–29 所示。

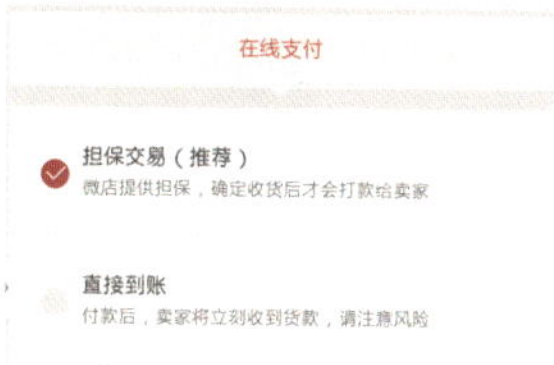

图 7–28　选择支付方式

图 7–29　短信提示付款成功

（3）当卖家发货后，买家可以登录微店完成确认收货步骤，如图 7–30 所示。

输入交易时卖家提交的手机号码。如果此号码已经注册了微店，就会自动登录；如果此号码还没注册微店，就会自动注册微店。随后就可以进行确认收货操作。否则无法查询订单的。

（4）成功登录 / 注册后页面会自动跳转，点击“订单”，如图 7–31 所示。

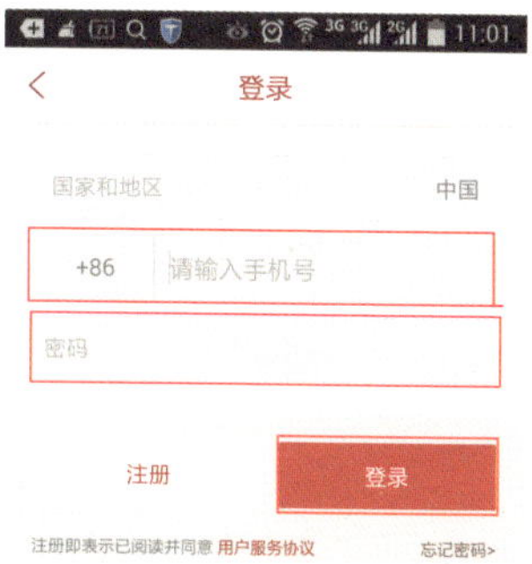

图 7–30　登录微店

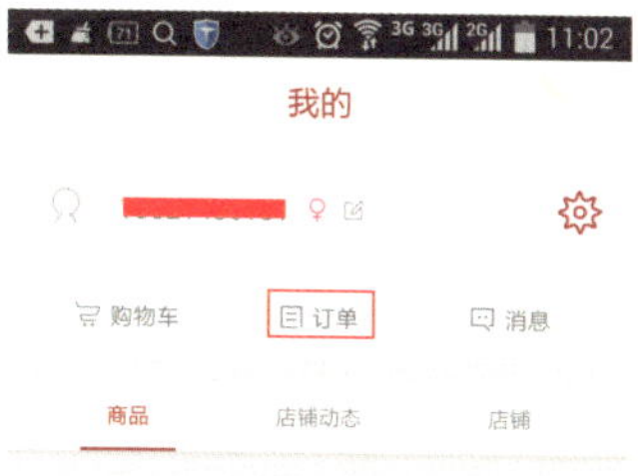

图 7–31　查看订单

（5）订单里可以看到需要确认收货的商品，确认收到货后确认收货，如图7–32所示。

（6）买家确认收货后，订单交易完成，卖家会收到交易完成短信，货款将很快到卖家账户中，如图7–33所示。

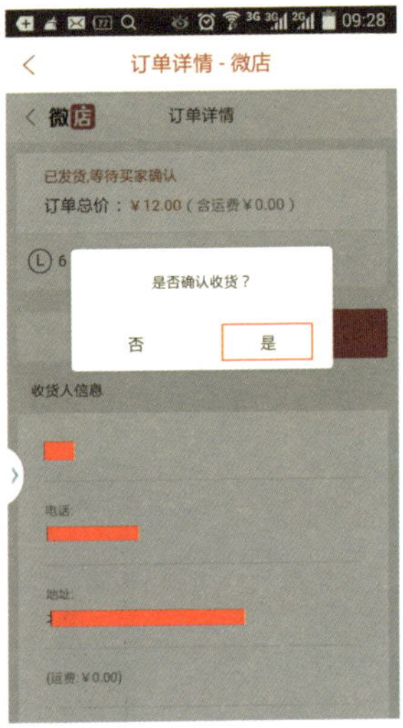

图7–32 确认收货

图7–33 短信提示交易完成

7.6 卖家处理订单并发货

卖家登录微店，点击“订单管理”。这个模块里有“待处理（订单）”、“未付款（订单）”、“已完成（订单）”和“已关闭（订单）”，如图7–34所示。

待处理订单就是买家已经付款的订单，需要卖家处理，需要发货。买家已经付款的订单，微店会自动发手机短信到卖家的手机上，提供尽快处理发货，点击选择一个订单，如图7–35所示。

图7–34 “订单管理”模块

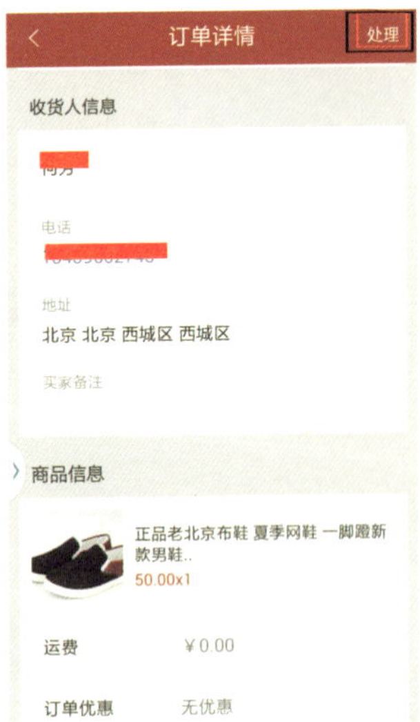

图7–35 选择一个订单

单击右上角的“处理”，选择“发货”，如图 7–36 所示。

发货方式有两种：快递和无需物流，如图 7–37 所示。

如果你要发快递的话，微店里已经有顺丰速运、圆通快递、中通速递、申通快递、汇通快运、韵达快递等。也可以填写自己联系的其他快递公司，输入快递单号，就可以单击右上角的“发货”按钮了，如图 7–38 所示。

因为买家可能就是你的朋友，所以有时则不需要联系快递公司发快递，你可以自己把货送给朋友，这时，可以单击“无需物流”来处理订单，如图 7–39 所示。

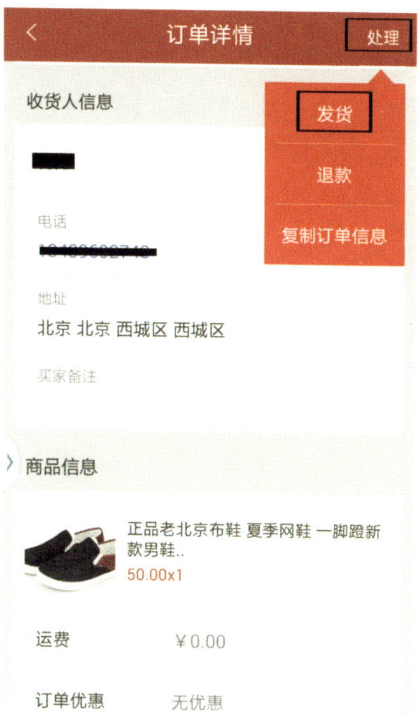

图 7–36　选择“发货”

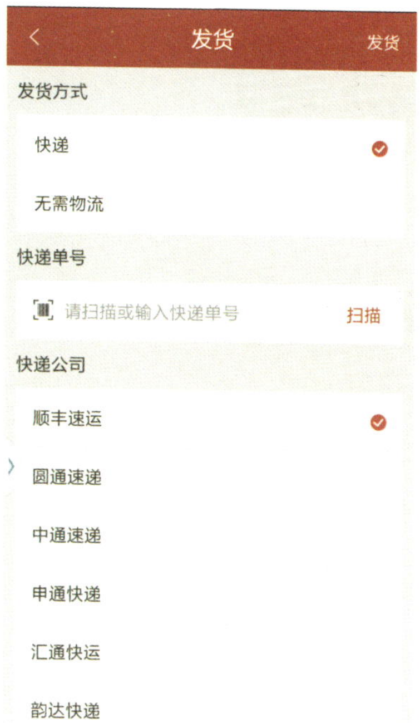

图 7–37　发货方式

同样需要单击右上角的“发货”。发货之后，订单状态就更新为“已发货，等待买家确认”，如图 7–40 所示。

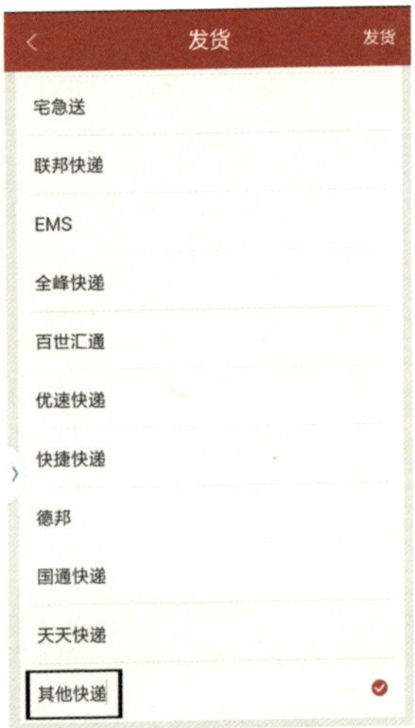

图 7-38 填写其他快递公司

图 7-39 单击“无需物流”

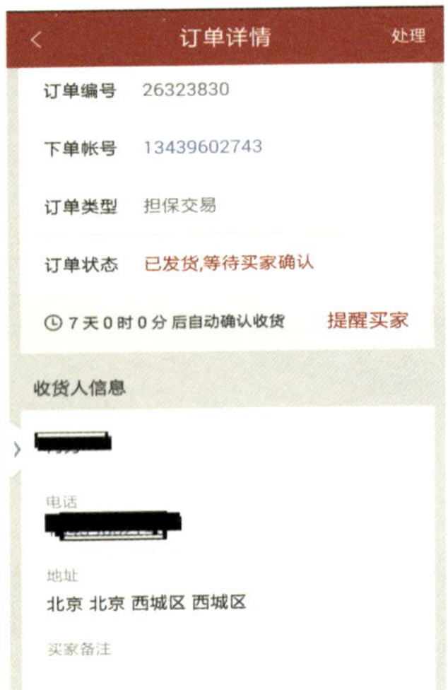

图 7-40 订单详情

第8章　在云商微店网开店

微店网由深圳市云商微店网络技术有限公司运营，是全球第一个云推广电子商务平台。微店网的上线，标志着个人网商群体的真正崛起。开微店无需资金成本、无需寻找货源、不用自己处理物流和售后。微店是最适合大学生和上班族的兼职创业平台。

8.1 微店网、供货商、微店主三者的区别和联系

开微店无需资金成本、无需寻找货源、不用自己处理物流和售后。只需要把自己微店的网址通过QQ、博客、论坛、邮件等方式发布出去，让更多的访客进入你的微店购买他们所需要的商品，就获得了推广佣金。有QQ就有微店，理论上14亿中国人都可以拥有自己的微店，足不出户就可以推销产品赚取佣金。

8.1.1 微店网、供货商、微店主三者的区别

微店网是个大型的综合电子商务平台，好比一个百货商场，微店网公司是负责管理这个商场的。主要功能是提供平台，为供货商和微店主搭建合作关系及利益分配。

供货商必须有营业执照，公司和个体户均可。提供产品，在产品价格上设置合理的推广佣金，将产品发布到微店网，让海量的微店主们推广销售。发货和售后服务也是有供应商负责。

微店主主要负责推广销售供货商的产品。

任何一个普通网民，只要懂得打字，就可以免费在微店网注册一个微店成为微店主。每个微店主都有自己独占的店铺网址，与淘宝给你的专属网址一样。但与淘宝不同的是，微店主的店铺里包含了所有供货商的产品，涉及衣、食、住、行、用、玩各方面，相当于一座百货商城。

微店主通过推广自己的店铺，让消费者进去购买，卖出商城里的产品，佣金归微店主所有，供货商也获得供货价。（微店价 = 供货价 + 推广佣金）。

微店网这么大一座商城，微店主觉得一个人推广太辛苦，他可以找人帮他一起推广，也就是他的分销商。分销商也有自己的店铺网址，分销商卖出产品，推广佣金的70%是分销商的，30%是推荐人的。比如你是我的分销商，供货商的某个产品给的推广佣金是10元，这个产品是从你的店铺卖出去的，则你获得7元，我获得3元。

同样你也可以发展自己的分销商，但是你的分销商和我没有利益关系了，只跟你

有利益关系，这点与直销、传销、多级提成的模式有着本质的区别。

微店只有一级的利益关系。在微店网，你拉来一个分销商，微店网是不给你“人头费”的，有一个分销商加盟，微店网给 100 的微积分作为你推广带来分销商的奖励（1000 微积分 =1 元，只能在微店网购买产品时使用）。你拉来的分销商只有卖出产品，你才会从中分取 30% 的推广佣金。如果你想多赚点钱，那就努力推广自己的店铺，让消费者从中购买产品，你将获得 70% 的佣金，另外的 30% 同样归你的上家。

淘宝也是免费开店的，必要时也就交个 1000 元的保证金，但是你的店铺只有自己的产品（有些也是代理的），自己装修，自己上架产品，还要自己花大量时间推广。有钱的可以花钱推广，没钱你就一个劲的发广告吧。来客人了还要自己接待，以及讨好对方。而微店给你推广的是一座商城，衣食住行用玩全品类的商品都有，如果物美价廉，消费者总能找到自己需要的商品，让推广不浪费，这就大大提高了推广的转化率。

8.1.2　微店网、供货商、微店主三者的联系

在微店网，如果你没有产品要卖，免费开个微店，只要负责推广你的微店网址，让消费者进入购买你就有佣金赚。如果你有产品要卖，申请成为微店网的供货商吧，数百万微店主同时帮你推广销售。所以，供货商就更没有异议了，数百万的微店主帮他卖产品，这是其他平台无法比拟的。这也是电子商务网络分工变细的进一步体现。

由此可见，微店网、供货商、微店主三者之间都是合作关系。

8.2　在微店网开微店收入来源

1. 卖别人的产品，赚自己的佣金

你注册一个微店，就拥有了整个云端产品库的产品销售权，即获得了一座网上百货商城。消费者进入你的微店产生了购买，你可以获得推广佣金。卖别人的产品如图 8-1 所示。

图 8-1 卖别人的产品

2. 分销商越多，你的佣金越多

介绍别人来开微店，他们自然就成了你的分销商，消费者在你分销商的微店产生了购买，你可以获得推广佣金。分销越多，你得到的奖励越多。

8.3 开微店三大优势

微店的出现肯定有它的优势，正是这个优势使它在电子商务平台中能够独树一帜，开辟了自己的一片天地，下面给大家分享一下开微店的三大优势，希望对那些刚接触微店的朋友能有所帮助。

（1）不收任何费用，无需押金。所有商品厂家直接发货，质量过硬，价格适中。

（2）无需进货，无需发货、无需资金周转开微店，5 秒钟建一座网上商城， 不用开店摆摊，24 小时营业、永不拉闸，无需进货，无需发货、无需资金周转，点点鼠标，轻松当老板。

（3）一台电脑、一根网线，开始掘金。当大多数中国青年还沉迷在网络游戏与网吧聊天的时候，正在通过微店平台，赚自己的第一桶金。无需服务器、无需懂网站开发，只要你拥有一台可以上网的电脑，就可以开始了。

8.4 在微店网注册

怎样在微店网注册呢？具体操作步骤如下。

（1）首先登录微店网，单击“5 秒开微店”按钮，如图 8–2 所示。

图 8–2 单击“5 秒开微店”按钮

（2）进入用户登录注册页面，如图 8–3 所示。

图 8–3 用户登录注册页面

（3）进入注册成功页面，如图 8–4 所示。

图 8–4 注册成功页面

（4）首先完善个人资料，如图 8–5 所示。

图 8–5 完善个人资料

（6）接着单击“把您的微店放在桌面”，如图 8–6 所示。

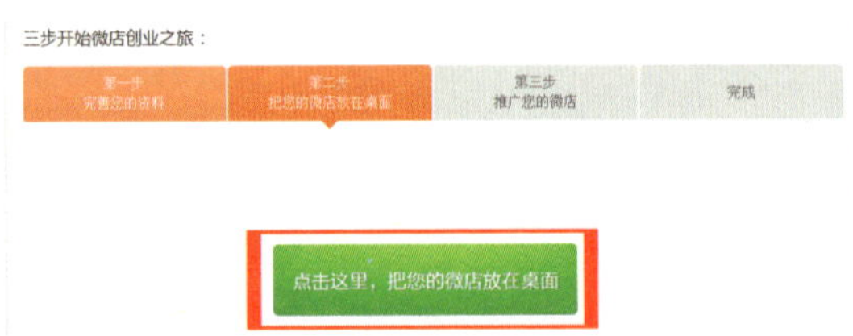

图 8–6 单击“把您的微店放在桌面”

（7）第三步，推广您的微店，可以有如下的方法推广微店，如图 8-7 所示。

图 8-7 推广您的微店

8.5 在微店网开店赚佣金

怎样在微店网开店赚佣金呢？具体操作步骤如下。

（1）进入微店网登录页面，输入微店号或手机号，输入密码后的单击“登录”页面，如图 8-8 所示。

图 8-8 登录微店网

（2）登录后进入微店网平台首页，单击“进入后台”按钮，如图 8-9 所示。

图 8-9　单击“开微店赚佣金”按钮

（3）进入后台管理页面，单击顶部的“云端产品库”菜单，如图 8-10 所示。

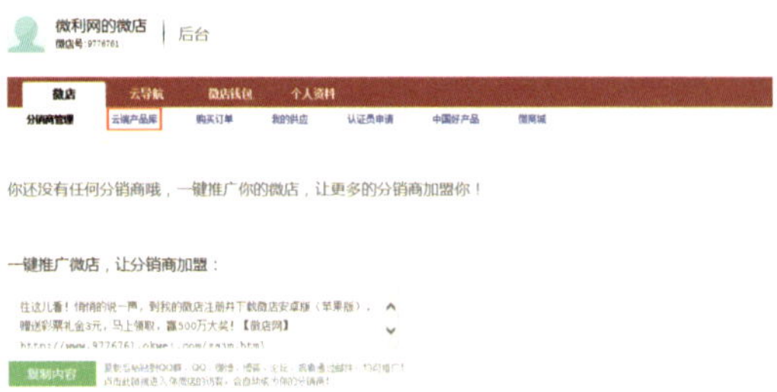

图 8-10　单击“云端产品库”

（4）进入云端产品库管理页面，单击左侧的“去云端产品库上架”按钮，如图 8-11 所示。

图 8-11　云端产品库管理页面

（5）进入云端产品库挑选合适的产品，如图 8-13 所示。

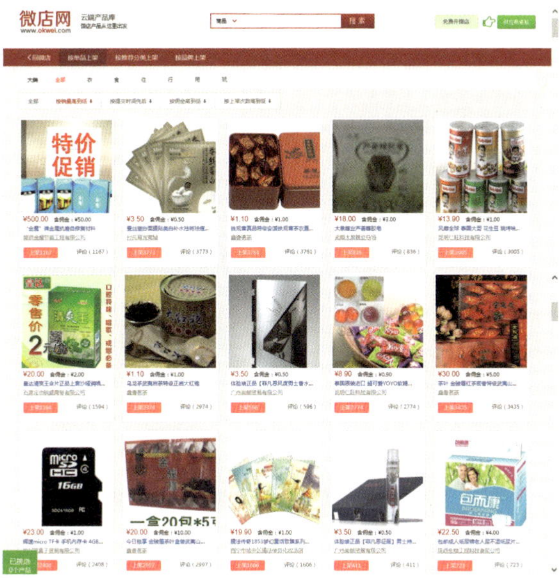

图 8-13　挑选合适的产品

（6）挑选完合适的产品后，单击底部的“马上发布”按钮，如图 8-14 所示。

图 8-14　挑选合适的产品，单击“马上发布”

（7）进入选择上架频道和分类页面，选择合适的上架频道，如图 8-15 所示。

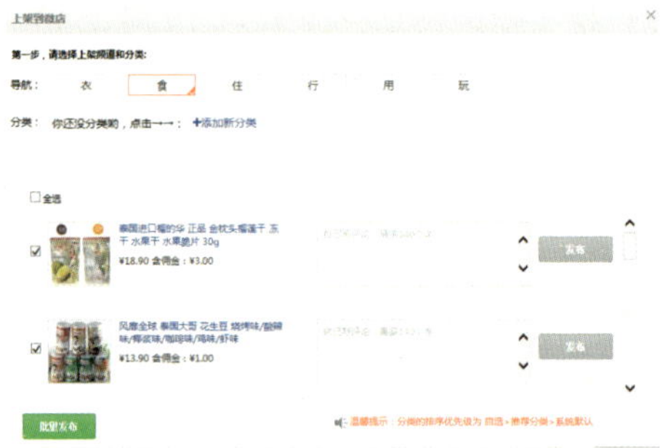

图 8-15　选择上架频道和分类页面

（8）添加完商品后，进入云端产品库中，单击左侧的“已上架的产品”，如图 8-16 所示可以看到添加的商品。

图 8-16　已上架的产品

（9）单击产品中的分享按钮，在弹出菜单中选择“分享到 QQ 空间”图标，如图 8-17 所示。

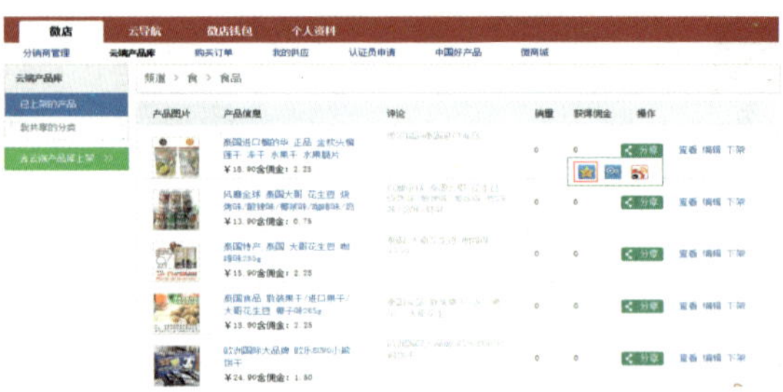

图 8-17　选择“分享到 QQ 空间”

（10）进入分享到 QQ 空间和朋友网页面，可以勾选“同时转播到我的腾讯微博”复选框，然后单击“分享”按钮，如图 8–18 所示。

（11）当有人通过你的 QQ 空间进入到微店网，购买商品后，你将获得一定的佣金。

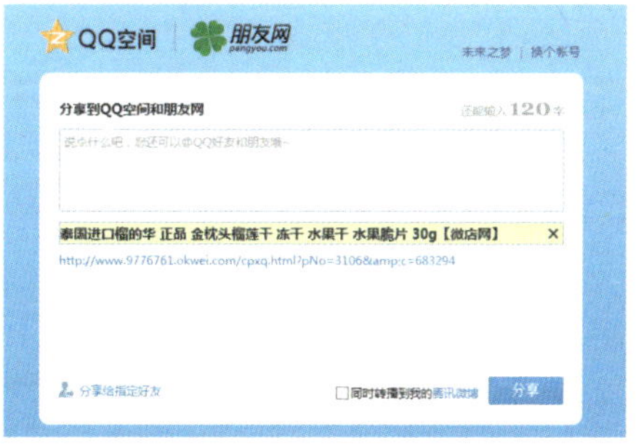

图 8–18　分享到 QQ 空间和朋友网页面

8.6　在微店网设置个人信息

在微店网设置个人信息具体操作步骤如下。

（1）进入微店网后台管理页面，单击顶部的“个人资料”菜单，单击左侧的“基本资料”，如图 8–19 所示。

图 8–19　单击“个人资料”

（2）单击“修改密码”，即可设置新的密码，如图 8–20 所示。

图 8-20 单击“修改密码”

（3）单击左侧的“银行信息”，即可添加支付宝账户和开户银行信息，如图 8-21 所示。

图 8-21 添加银行信息

（4）单击左侧的“收货信息”，填写收货人地址、手机、QQ 号等，如图 8-22 所示。

图 8-22 填写收货信息

8.7 分销商管理

微店网的模式之所以受到追捧，是因为它颠覆了传统网商既要找货源，又要做推广的高门槛要求，很好地解决了货源与推广的分工问题。这是互联网分工进一步细化的体现。

微店网为企业提供可持续、可扩展、可积累的线上销售渠道。供应商把产品发到微店网，就有无数的微店为其推销产品，他只需做好产品、客服、售后即可，推广交给万千微店去做。

（1）在微店网后台管理页面，单击“分销管理”下的“我的供应”，如图 8–23 所示。

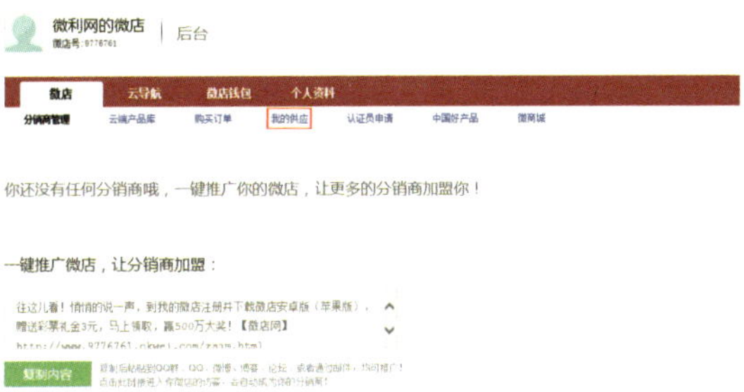

图 8–23 单击“分销管理”

（2）进入供应商进驻页面，单击“申请成为供应商，发布产品”按钮，如图 8–24 所示。

图 8–24 供应商进驻页面

（3）进入申请进驻页面，如图 8–25 所示。提交成功后就可以成为供应商了。

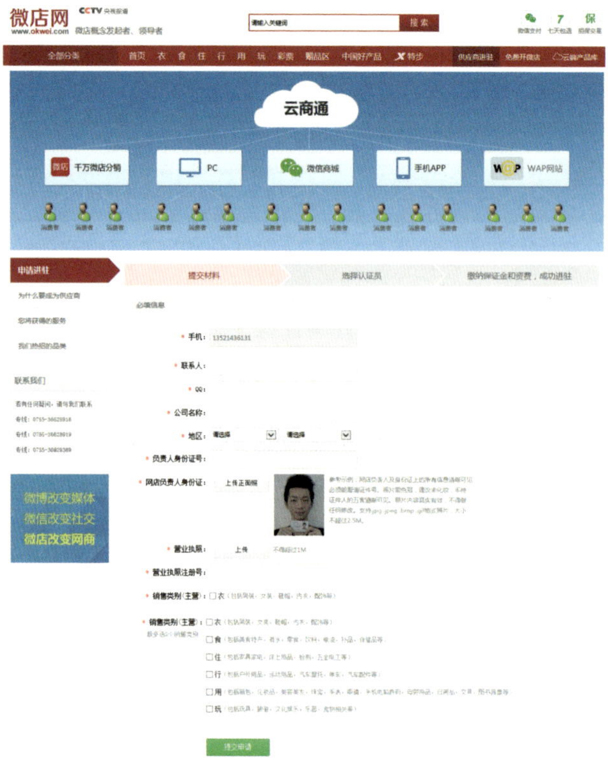

图 8–25　申请进驻页面

8.8　报名参加中国好产品

中国好产品不一定拥有广泛的品牌影响力，不一定拥有庞大的市场占有率，但它们一定具备质量、价格、用户体验等方面的绝对优势，它可能是你家乡的一坛小酒，可能是一台还没量产的发明机器，可能是一件具备独特工艺的民族衣服……因为渠道缺乏，它们暂时藏匿于民间，不为广大消费者所熟知。中国好产品第一季评选活动已盛大开启，报名正在火热进行中。

报名参加中国好产品的具体操作步骤如下。

（1）登录微店网后台管理页面，单击“我有好产品，我要报名”按钮，如图 8–26 所示。

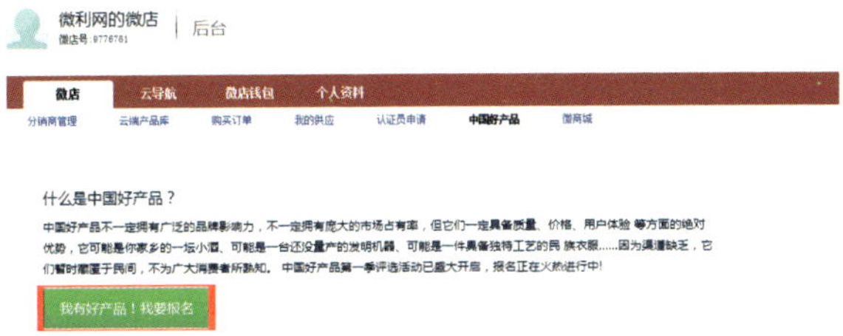

图 8–26 单击“我有好产品，我要报名”按钮

（2）进入中国好产品提交产品信息页面，首先是参赛产品要求，如图 8–27 所示。

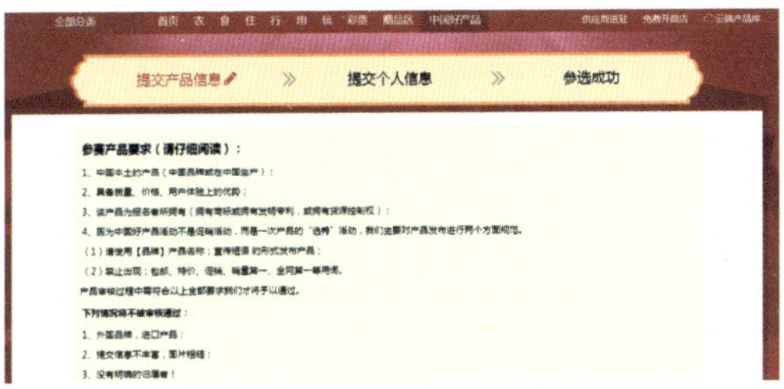

图 8–27 参赛产品要求

（3）接着填写产品分类、标题和产品好处，如图 8–28 所示。

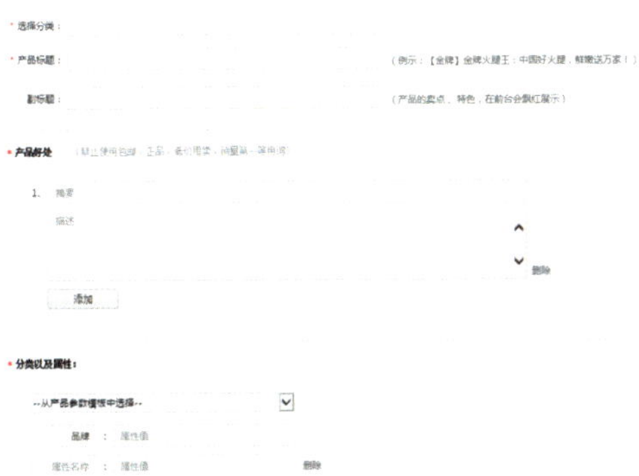

图 8–28 填写产品分类、标题和产品好处

（4）接着填写运费模板、上传图片和选择颜色，如图 8-29 所示。

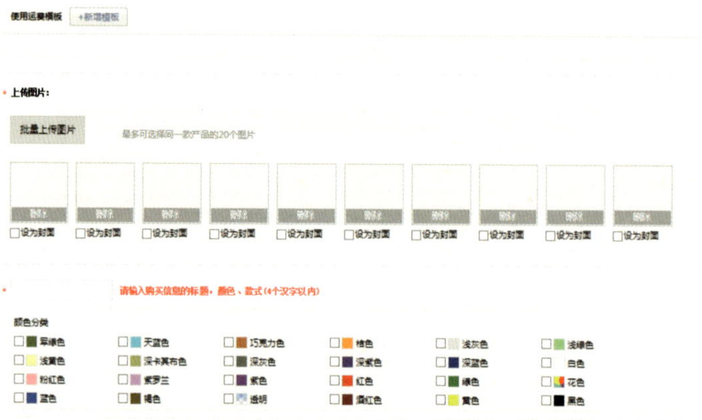

图 8-29 填写运费模板、上传图片和选择颜色

（5）最后填写重量、体积和详细描述，填写完成后单击“发布”按钮即可提交产品，如图 8-30 所示。

图 8-30 填写重量、体积和详细描述

第9章　开设拍拍微店

拍拍微店即基于移动端的微店铺。自从微信变得火热，随之兴起的微信电商也促使各类微店产品层出不穷。拍拍网将为所有开通拍拍微店的商家提供统一的微信支付功能，即消费者可以通过微信支付在拍拍微店的任意商家购物，货款统一支付到拍拍账户，消费者收到货并满意后，再由拍拍支付给商家。

9.1 拍拍微店的优势

拍拍微店最早是腾讯电商旗下的微信建店工具，腾讯电商彻底并入京东后，“拍拍微店”成为京东商城平台商户的无线建店工具。具体而言，拍拍微店是一款帮助 PC 端拍拍商家在微信上开店铺的产品，它打通拍拍 PC、App、微信、手机 QQ 等多个平台，帮助商家集合订单、客服、用户管理、运维等功能。拍拍微店如图 9–1 所示。

图 9–1　拍拍微店

拍拍微店有着同行和竞争对手所不具备的以下 4 个方面的优势。

（1）首先是零门槛和零成本，在拍拍微店上不用缴纳保证金；其次是无需缴纳微信支付担保金；再次是零手续费。

（2）操作简易，支持一键操作，一键开通微店，一键同步商品。

（3）多渠道支付的打通。拍拍微店联合腾讯、京东进行了账号的支付统一，商家使用 QQ 账号密码就可以实现微店管理，消费者可以使用多种支付手段，跨账号微信支付、财付通、货到付款等，这种多渠道的便捷支付方式在内测时已经显示出了不错的效果。

（4）消费者放心，卖货之路比较平坦。拍拍微店利用腾讯和京东的品牌优势为小微商家们提供支付担保，用户收到货满意后，钱才打到商家，同时也支持货到付款，降低购买失败率。

（5）商家自主发挥空间大。店铺装修、卖场管理、商品管理、交易管理等均在统一的后台操作，简单明了，可以按照自己的审美需求设计门面，发起促销活动，灵活进行商品管理，通过统一的后台管理订单，营销管理上可以设置微信专享价。装修美观的拍拍微店如图 9–2 所示。

图 9–2　装修美观、有个性的拍拍微店

（6）有大量的中心化的流量和政策支持，扶持商家。在 PC 端，拍拍通过腾讯、京东的巨大流量入口，低价并进行 1∶1 的广告投放补贴，直接降低卖家的运营成本。而移动端相比此前微信微店的独立运营，拍拍、京东、QQ、微信等多渠道的流量供给，通过二维码引导、首页位置推荐、优惠促销等从全渠道直接导入稳定的流量，并且还可以将微店的链接分享到手 Q、微群、微博、论坛等各种网络渠道，可以说是形成了流量的闭环。可以帮助解决微店“缺流量”、“缺入口”等问题。拍拍店铺页面右上角的二维码引导如图 9–3 所示，拍拍网首页右侧的位置推荐如图 9–4 所示。

图 9-3 拍拍店铺二维码引导

图 9-4 拍拍网首页右侧的位置推荐

如图 9-5 所示，京东微店页面的底部就有拍拍微店的链接，便于将京东的流量引入拍拍微店。

（7）京东的账号体系已经和拍拍账号体系打通，拍拍微店会根据用户的行为属性进行个性化推荐，例如你经常在京东购买 3C 产品，如果你登录京东后台后，后台会推荐拍拍微店上卖得不错的，同时也适合你价格要求的 3C 产品。用户登录拍拍后同样如此。这是目前大部分微商城系统无法提供的。

（8）在物流体系上，拍拍将对所有的微店商家开放相应的物流服务，包括京东货到付款，以保证用户在拍拍微店和京东上获得一致的物流体验。

（9）拍拍微店面向拍拍网上所有的企业和个人商家开放。

图 9-5 京东微店底部的拍拍微店

9.2 店铺装修

拍拍微店中的商品非常重要，但是拍拍微店的装修不容忽视。正所谓三分长相七分打扮，微店的美化如同实体店的装修一样，让买家从视觉上和心理上感觉到店主对店铺的用心，并且能够最大限度地提升店铺的形象，有利于微店品牌的形成，提高浏览量。

9.2.1 店铺首页装修

漂亮恰当的装修，给顾客带来美感，顾客浏览网页时不易疲劳，自然顾客会细心察看你的网页。好的商品在诱人的装饰品的衬托下，会使人更加不愿意拒绝。有利于促进成交。装修时首先要装修店铺首页，具体操作步骤如下。

（1）进入拍拍微店管理后台登录页面 http://wd.paipai.com/，输入账号名称和密码，单击“登录”按钮，如图 9-6 所示。

图 9-6 进入拍拍微店管理后台登录页面

（2）登录后进入拍拍微店管理后台页面，单击左侧的“店铺装修”，然后选择“店铺首页装修”，如图 9-7 所示。

图 9-7 选择“店铺首页装修”

（3）进入店铺首页装修页面，如图 9-8 所示，中间一栏显示的是选择模板，右侧一栏显示的是在移动手机端的预览效果。

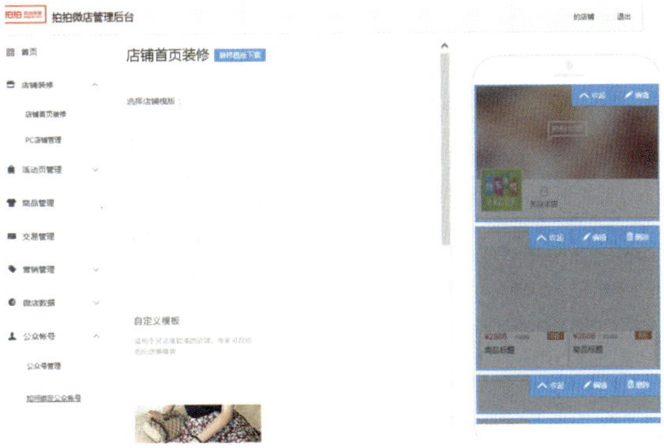

图 9-8 店铺首页装修页面

（4）单击店招右上角“编辑”按钮，如图 9-9 所示，系统在左侧展开店招设置内容，设置完成后单击“保存”按钮即可查看编辑后的效果。店招分为“小店招”和“大店招”，单击“选择图片”按钮，在相册中选择符合尺寸、大小要求的图片即可，如图 9-10 所示。

图 9-9 单击“编辑”按钮

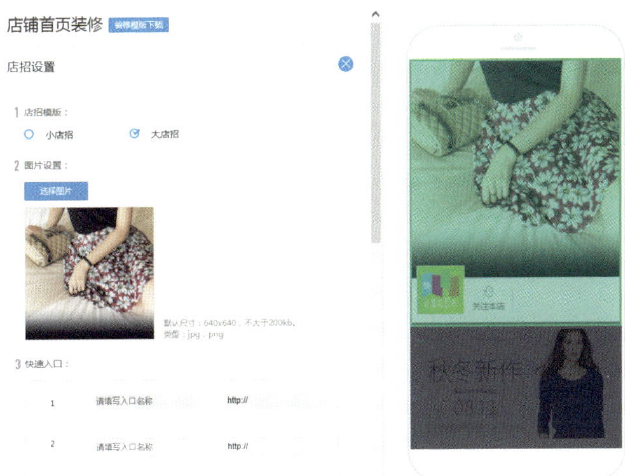

图 9-10 店招的设置

（5）弹出“选择图片”对话框，单击我的相册下的 11 文件夹，如图 9-11 所示。

图 9-11 单击我的相册下的 11 文件夹

（6）由于此文件夹下面没有图片，单击“管理相册”链接，如图 9-12 所示。

图 9-12 单击“管理相册”链接

（7）进入拍拍相册管理页面，单击左侧的“图片上传”按钮，如图 9-13 所示。

图 9-13 单击“图片上传”按钮

（8）进入图片上传页面，单击“添加图片”按钮，如图 9-14 所示。

图 9-14　单击“添加图片”按钮

（9）从路径中选择要添加的图片，单击底部的“添加”按钮，如图 9-15 所示。

图 9-15　单击“添加”按钮

（10）即可选择图片，单击“开始上传”按钮，如图 9-16 所示。

图 9-16　单击“开始上传”按钮

（11）图片上传成功后，如图 9–17 所示，单击刚才上传的图片。

图 9–17 单击刚才上传的图片

（12）店招上传成功，如图 9–18 所示。

图 9–18 店招上传成功

（13）添加完店招后，接着添加模块，店铺首页可以添加的模块包括商品模块、轮播广告、通栏广告、两栏广告和文本，如图 9–19 所示。添加方式：按住鼠标左键并拖动模块到右侧预览区，出现插入占位符时松开鼠标，系统在左侧展开模块设置内容，保存即完成添加，如图 9–20 所示。若编辑过程中，单击右上角“关闭”按钮退出编辑，模块则添加失败。

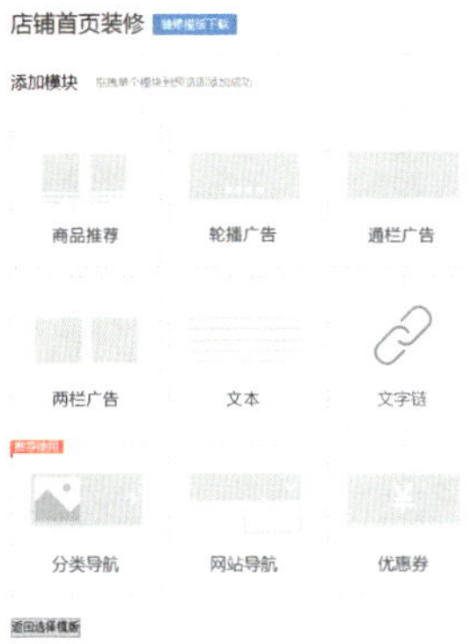

图 9-19 模块

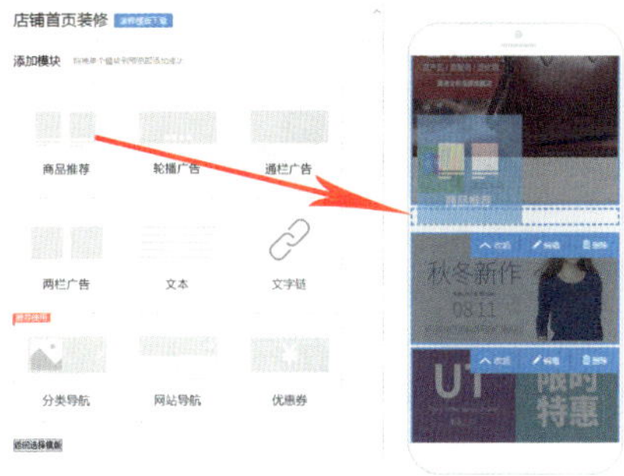

图 9-20 添加模块

（14）首先添加商品推荐设置模块，在右侧的商品模块中单击“编辑”按钮，如图 9-21 所示，系统在左侧展开商品推荐设置模块，可设置是否展示模块标题，商品推荐方式分为自动推荐及手动推荐，每个模块最多只展示 6 件商品，如图 9-22 所示，设置完成后单击“保存”按钮即可查看编辑后的效果。

图 9-21 单击“编辑”按钮

图 9-22 商品推荐设置模块

（15）接着添加轮播广告模块，单击“编辑”按钮如图 9-23 所示，系统在左侧展开轮播广告模块，在店铺首页轮播模块中图片高度可选择 320px、480px、640px，图片宽度为 640px，不大于 100kB，最多可添加 5 张图片，可选择是否清除与上面模块间距，实现拼接效果，如图 9-24 所示。

图 9-23 单击“编辑”按钮

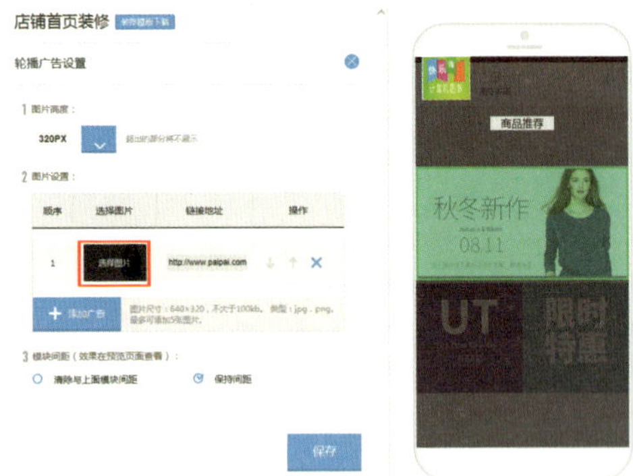

图 9-24 添加轮播广告模块

（16）添加轮播广告后的效果如图 9-25 所示。

（17）使用同样的方法，可以添加两栏广告等，店铺首页编辑完成后，可在右侧预览区进行预览，如图 9-26 所示。

图 9-25 添加轮播广告

图 9-26 添加两栏广告

9.2.2 PC 店铺管理

PC 是指个人电脑，就是普通电脑查看方式，可以在 PC 端方便的管理店铺，具体操作步骤如下。

（1）进入拍拍微店管理后台页面，单击“店铺装修”下的“PC 店铺管理”，如图 9–27 所示。

（2）进入拍拍店铺管理页面，在这里可以设置店铺基本信息、店铺模板、布局管理、模块内容管理和促销设置等，如图 9–28 所示。

图 9–27　单击“PC 店铺管理”

图 9–28　拍拍店铺管理页面

（3）如图 9–29 所示店铺基本信息页面，可以设置店铺名称、店标、店铺类别、主营项目、店铺介绍。

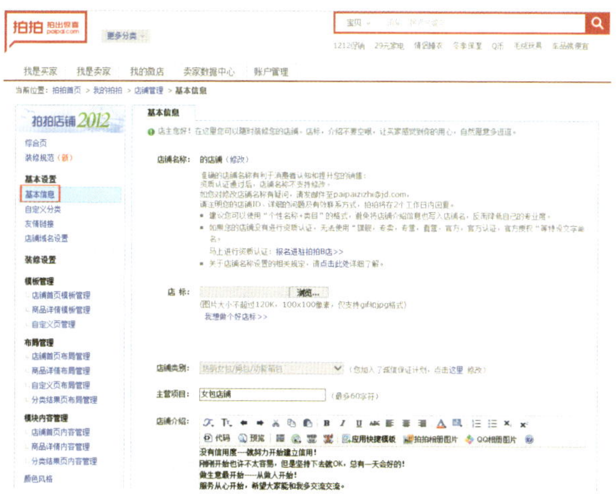

图 9–29　店铺基本信息

（4）在自定义分类页面可以设置商品分类，如图 9–30 所示。

图 9–30　自定义商品分类

（5）还可以设置店铺首页布局管理，布局管理用于设置店铺首页的结构和模块，除了页面中固定的三个布局单元，还可添加更多的布局单元来丰富页面结构。注意，布局单元本身没有内容，添加之后，需要往内添加相应的模块才能展示。店铺首页支持额外添加 5 个布局单元和多达 36 个模块（不含店铺招牌模块），并且支持通栏和图片轮播，如图 9–31 所示。

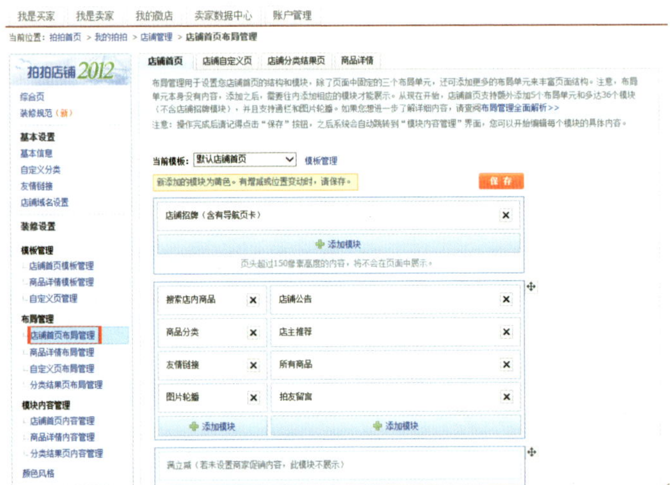

图 9–31　店铺首页布局管理

（6）可以在这里添加商品详情模板，轻松设置商品详情模板里的模块。布局单元本身没有内容，添加之后还需要往内添加相应的模块才能展示，如图 9–32 所示。

图 9–32　商品详情布局管理

9.2.3　拍拍微店装修模板

开通拍拍微店的卖家朋友越来越多，店主们都忙着如何推广，却忽略了为自己的微店装修。拥有一个独具特色的手机店铺，才能抢占更高的流量，让自己获得更多利润。怎么样装修才能够起到最好的效果呢？肯定是高端大气上档次了，如何达到这样的装修效果呢？通过购买装修模板可以快速装修店铺。装修模板如图 9–33 所示。

图 9–33　装修模板

9.3 活动页管理

活动页管理是基于微店上的一个销售及推广平台，通过活动页管理可以直达微店或在线购买产品。

9.3.1 新建活动页

新建活动页的制作在微店管理平台左侧的“活动页管理”目录中，包含“新建活动页”及“活动页管理”两个模块，如图 9–34 所示。

图 9–34 活动页管理

新建活动页：创建全新的活动页。

活动页管理：对已创建的活动页进行管理、编辑。

单击“新建活动页”超链接，进入页面后，填写活动名称，选择活动页模版，单击“保存”按钮即可完成活动新建，如图 9–35 所示。

图 9–35 新建活动页

9.3.2 活动页管理

单击“活动页管理”菜单，进入页面后，商家可以对已创建的活动页进行以下操作：复制链接、查看页面、查看页面二维码、编辑活动页和删除活动页。

图 9-36 活动页管理

9.3.3 装修活动页

在活动页管理页面，单击“编辑”按钮，即可进入活动页装修页面，如图 9-37 所示。活动页的装修操作与店铺首页装修基本相同。

图 9-37 活动页装修页面

进入文本设置页面，如图 9–38 所示。

图 9–38 文本设置

接着可以设置商品推荐，如图 9–39 所示。

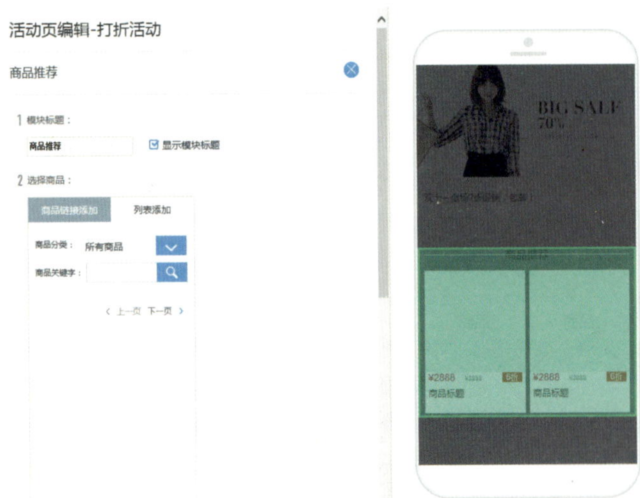

图 9–39 设置商品推荐

9.4 拍拍微店商品管理

进入拍拍微店管理后台页面，单击“商品管理”，如图 9–40 所示。进入“我是卖家”下的商品管理页面，单击“发布新商品”，如图 9–41 所示。

图 9–40 单击“商品管理”

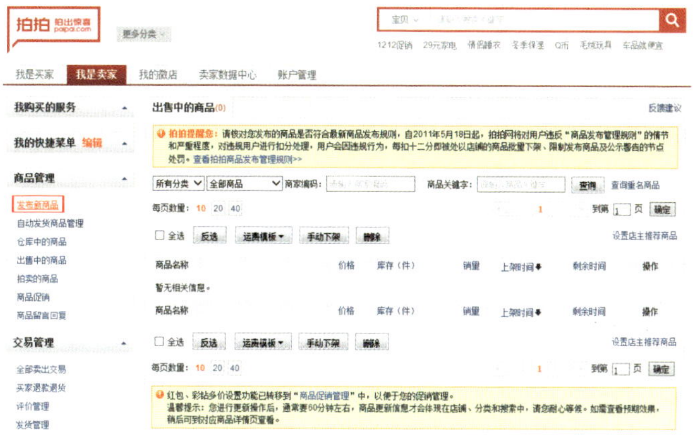

图 9–41 单击“发布新商品”

首先选择商品类别，如图 9–42 所示。

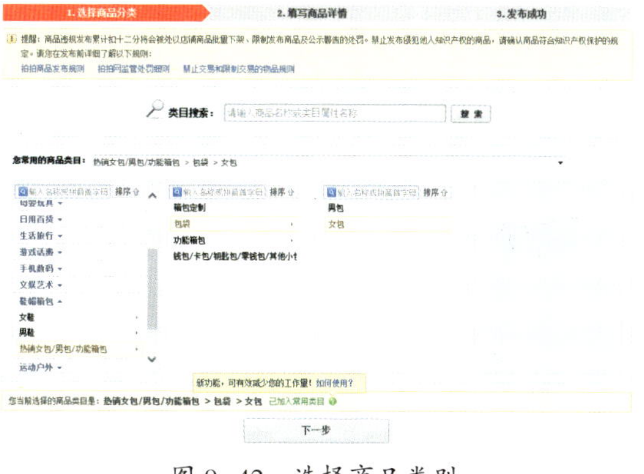

图 9–42 选择商品类别

接着填写商品详情，如图9–43所示。

商品违规发布累计扣12分将会被处以店铺商品批量下架、限制发布商品及公示警告的处罚。禁止发布侵犯他人知识产权的商品，请确认商品符合知识产权保护的规定。在发布前详细了解以下规则。

发布成功后，在出售中的商品中可以看到刚才发布的商品，如图9–44所示。

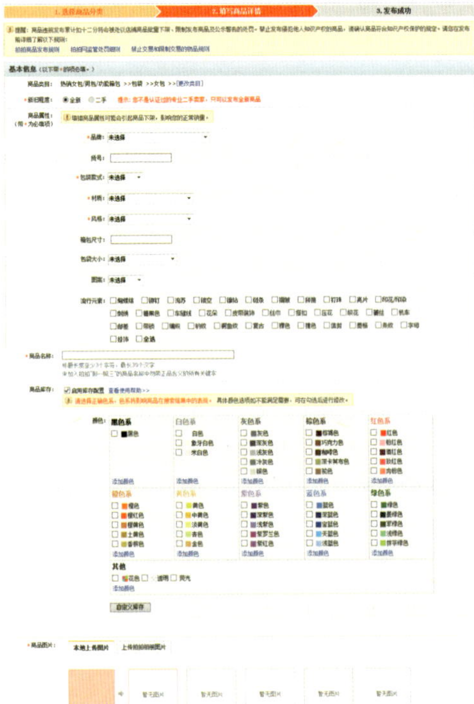

图9–43 填写商品详情

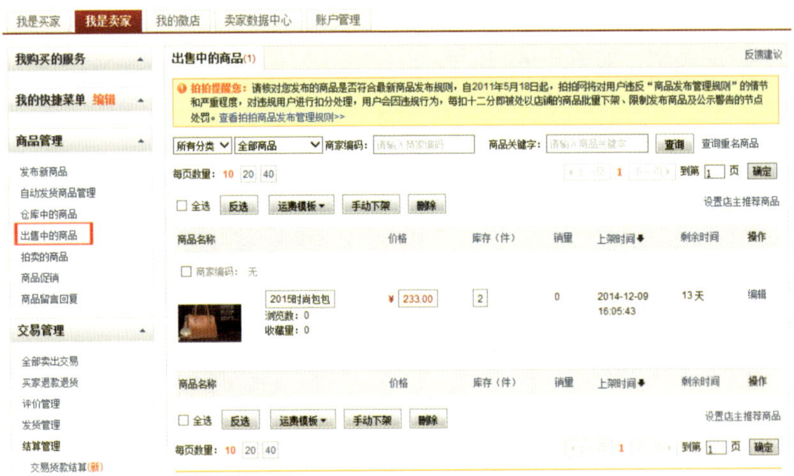

图9–44 发布的商品

9.5 拍拍微店营销管理

现在网络上谈论最多的莫过于微店了，如今微店这个词已经是个大热门了，认识了微店，可你对微店目前的营销工具情况又了解多少呢?

9.5.1 微信价

微店价是对PC上的商品在微店端设置的价格，提供给微店渠道(手机QQ内购买、微信内购买、手机浏览器购买等)专享。

微店价可与拍拍的活动价(平台活动价)、身份价(店铺VIP、彩钻VIP)叠加使用。

用户购买的最终价 = 原始价格(活动价格)× 店铺VIP折扣 × 彩钻VIP折扣 × 微店价折扣 × 批发价折扣。

进入拍拍微店管理后台页面，单击“营销管理”下的“微店价”，进入微店价管理页面，如图9-45所示。

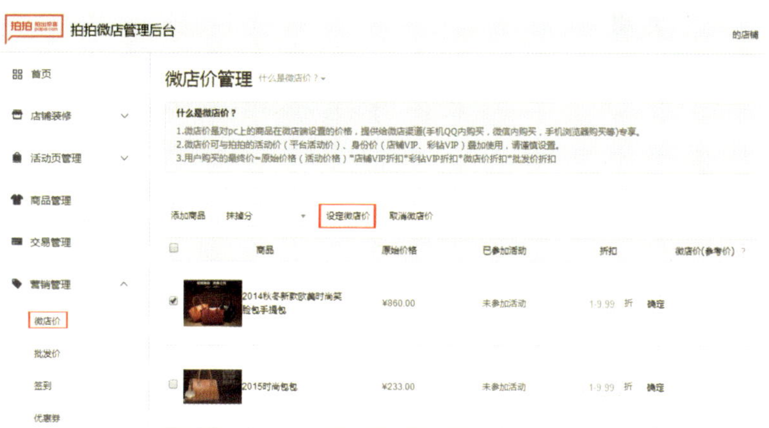

图9-45 微店价管理页面

单击“设定微店价”按钮，在弹出的对话框中设置折扣，如图9-46所示。

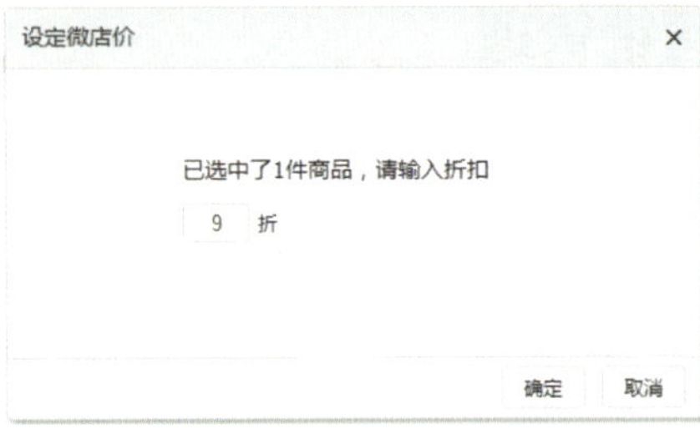

图 9-46 单击“设定微店价”

单击“确定”按钮，设置微店价成功后如图 9-47 所示。

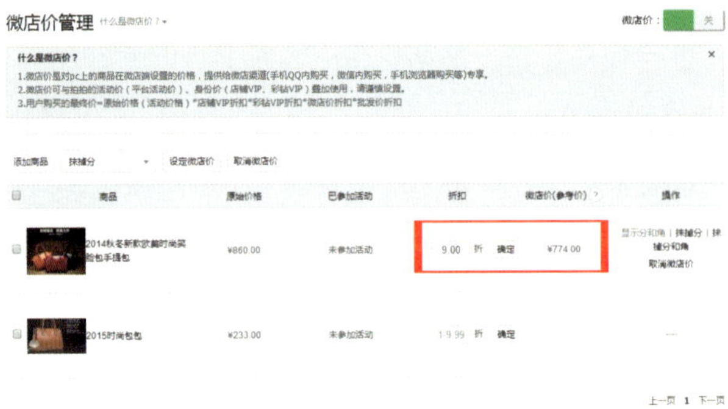

图 9-47 设置微店价

9.5.2 批发价

批发价可以对不同数量的商品设置不同价格，形成阶梯型折扣，吸引更大的单次下单量。

批发价可与拍拍的活动价（平台活动价）、身份价（店铺 VIP、彩钻 VIP）、微信价叠加使用。

用户购买的最终价 = 原始价格（活动价格）× 店铺 VIP 折扣 × 彩钻 VIP 折扣 × 微店价折扣 × 批发价折扣。

进入拍拍微店管理后台页面，单击“营销管理”下的“批发价”，进入批发价管理页面，如图 9-48 所示。

图 9-48 批发价管理页面

单击“设定批发价”按钮，在弹出对话框中编辑批发价，如图 9-49 所示。

图 9-49 编辑批发价

9.5.3 优惠券

优惠券同拍拍店铺产品功能相同，优惠券不可以抵扣邮费，不可拆分组合使用，不设找赎。每个店铺的一笔订单仅可使用一张店铺优惠券。使用了店铺优惠券的订单如有退款，优惠券不予退还。

进入拍拍微店管理后台页面，单击“营销管理”下的“优惠券”，进入店铺优惠券管理页面，单击“添加优惠券”按钮，如图 9-50 所示。

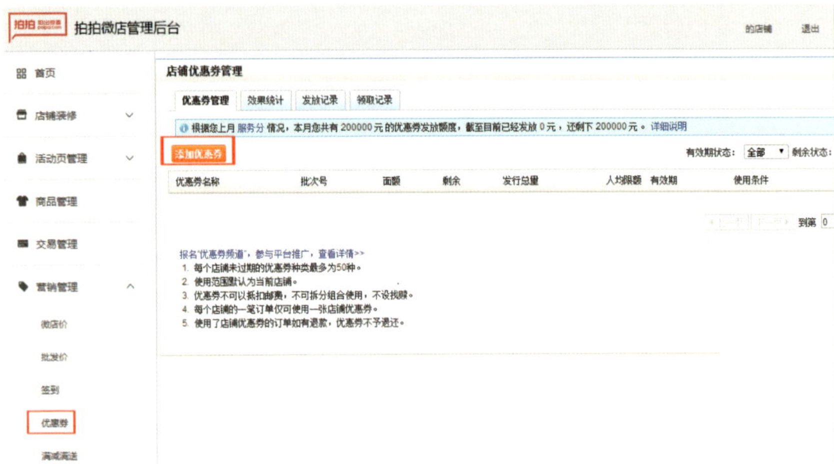

图 9-50　店铺优惠券管理页面

在弹出的“添加优惠券”页面中，设置优惠券信息，优惠券名称、面额、发行总量、人均限额、有效期等，设置完成后单击底部的“添加”按钮即可，如图 9-51 所示。

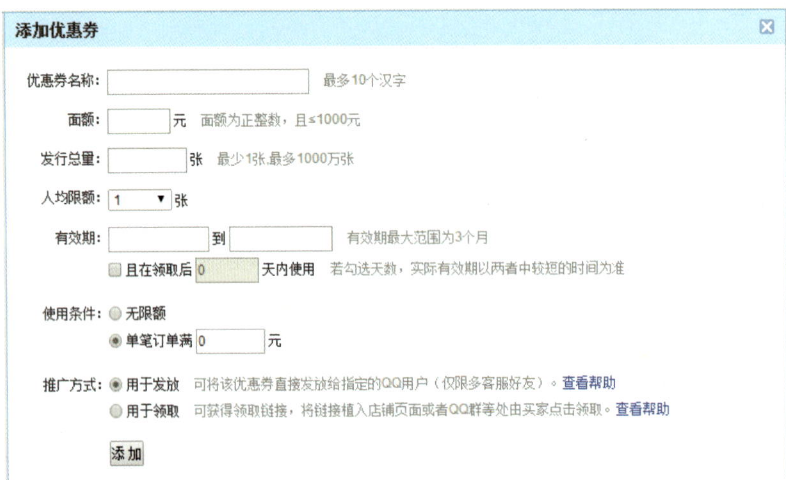

图 9-51　设置优惠券信息

9.5.4 满减满送

一个店铺要运营良好，一定要用上营销工具。因为这样能满足大多数用户的消费心理及需求，从而使店铺效益最大化。

设置“满立减 / 送”活动目的。

（1）提升店铺销售业绩——可以促进店铺商品的销量，从而提升店铺整体销售业绩。

（2）提高转化率——把更多流量转化成有价值的订单量，促使更多进入店铺的消费者下单购买。

（3）提升客单价——设置活动后，促销广告会在每一个商品的页面都显示出来，当消费者浏览到商品看到促销广告时，可提高客单价，达成促销的目的。

进入拍拍微店管理后台页面，单击“营销管理”下的“满减满送”，进入“满立减满立送活动管理”页面，如图 9–52 所示。

图 9–52 “满立减满立送活动管理”页面

单击“创建活动”按钮，可以设置满立减满立送的规则，如图 9–53 所示。

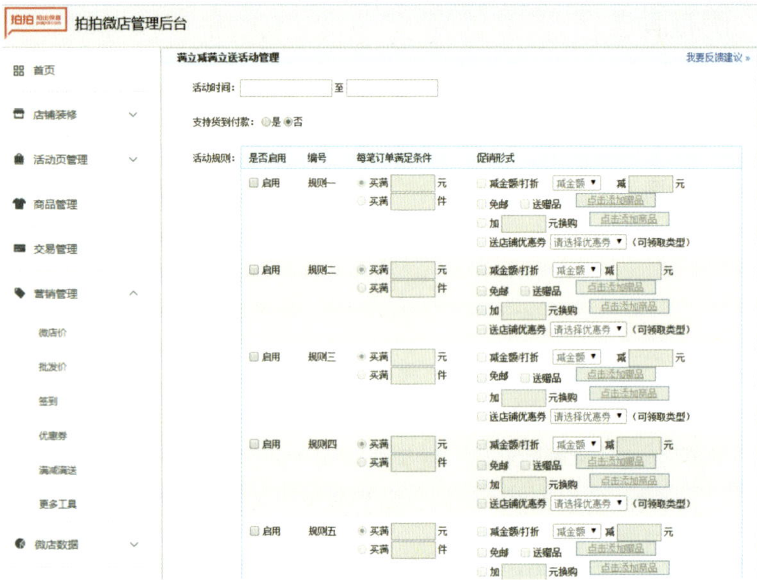

图 9-53 设置满立减满立送的规则

满立减满立送促销时的一些技巧如下。

（1）根据自身店铺商品的利润，来设置满立减满立送的优惠力度以及包邮的门槛，同时优惠力度与换购商品种类在不同的活动期也可适当变换。

（2）不同的活动期可以采用不同的活动形式，如减价、送赠品、换购、免邮等可以不断的交替更换使用，也可以将其组合在一起使用，这样可以保证用户对活动的新鲜感和吸引力。

第10章 通过微信内容获得粉丝的秘诀

为粉丝提供最优质的内容，这些内容可以让粉丝方便地分享内容到朋友圈，如果微信的内容够好，粉丝就会主动分享，从而自然增加粉丝。然后口碑相传，企业产品就宣传出去了，企业的知名度就有了，企业的营销也就到位了。

10.1 取个好名字

一个好的公众账号需要优质的内或者创新的策划或服务。但是一个好的名字就能体现出来公众号的价值、服务、内容、范围、行业等信息，让感兴趣的人快速关注。企业微信号取名时注意哪些技巧呢?

1. 采用你的笔名和姓名

如果你自己已经有名气，那就建议你直接使用自己的姓名或笔名，例如有一个微信公众号就叫“鬼脚七”。鬼脚七是前淘宝搜索负责人，长期专注于搜索引擎、电子商务，业内活跃人士；其分享的淘宝搜索知识实用性很强，备受业内人士关注，尤其是息息相关的电商卖家。后来专职做起了自己的微信公众账号。鬼脚七的微信公众号如图 10-1 所示。

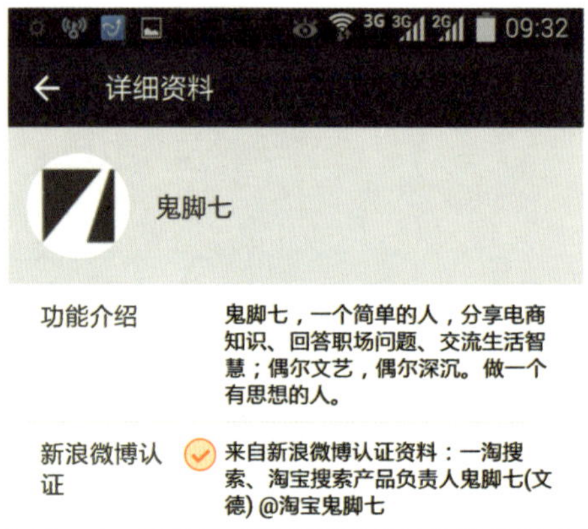

图 10-1 采用笔名的鬼脚七微信公众号

2. 按照自己的兴趣起名

也可以按照自己的兴趣，自己关注的领域来取名字。自己熟悉的，自己所关注的才会用心经营。

3. 要跟企业的品牌相符

微信公众账号的 ID 一定要跟企业的品牌名称相符，只有这样才能被用户记住。这样的例子很多，例如，《创业家》杂志微信公众账号 ID 设置为“创业家杂志”，如图 10-2 所示；《CCTV 对话》微信公众账号 ID 设置为“CCTV 对话”，如图 10-3 所示；《商业评论》杂志微信公众账号 ID 设置为“商业评论”。这些 ID 账号的设置都跟自己的品牌相符。所以作为企业，在注册公众账号时，一定要考虑周到，千万不要随便注册。

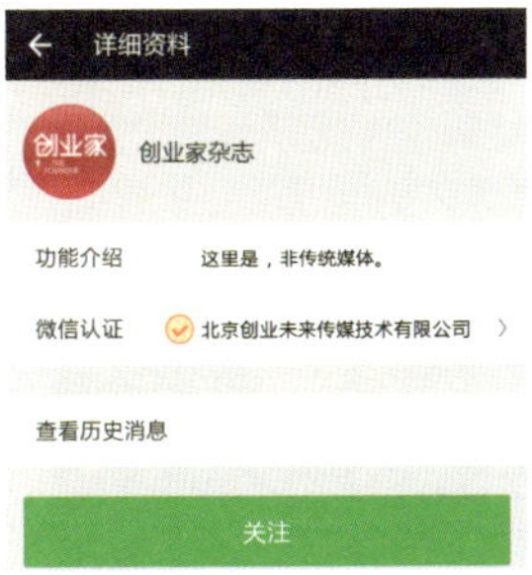

图 10-2 《创业家》杂志微信公众账号

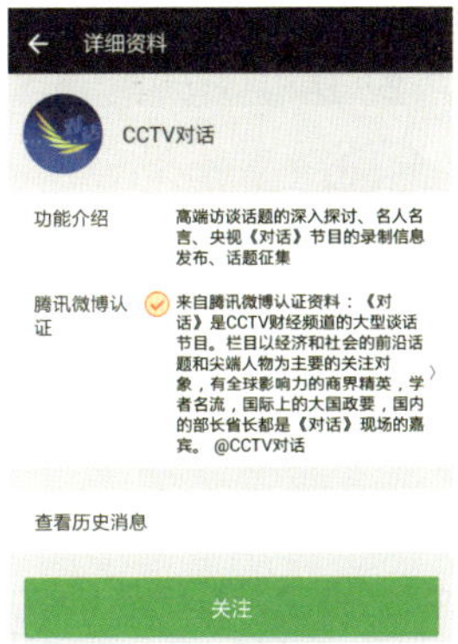

图 10-3 《CCTV 对话》微信公众账号

4. 设计专业 ID 头像或 Logo

当设置好公众账号 ID 以后，就可以生成一个 ID 的微信二维码了。微信二维码中的头像非常重要，它代表了企业的品牌，因为每一天顾客接触最多的就是企业的头像。企业的头像代表什么？代表今天企业可以向顾客提供的价值，代表你自己的专业。

如果是企业，就用企业的 Logo 作为微信头像，如果是个人就用真实的本人照片。这样的话，就和同一个名称的微信公众账号区别开来。例如凤凰财经、央视财经，都是用自己的 Logo 作为头像，以增加观众对品牌的信任度，如图 10-4 和图 10-5 所示。

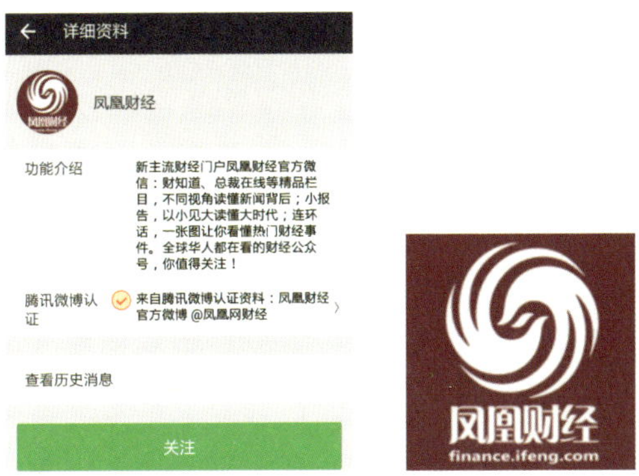

图 10-4 凤凰财经头像

图 10-5 央视财经头像

5. 简单好记

取一个好记的公众账号 ID，就跟选一个好的手机号码一样。一个好记的手机号码，当你告诉朋友时，即使当时他没能记录到手机中，过后他也能记起来，及时存入手机中。同样的，当顾客发现你的公众账号后，如果你的微信公众账号 ID 很好记，他就能马上记住，并且能快速通过公众账号的搜索功能找到并关注你的公众账号。

微信号通常以企业网址、企业名称、品牌名、QQ 号等为人熟知的英文字母或好记的数字为佳。提醒一下，注册公众微信宜早不宜迟，别等好的微信号被人注册你就后悔莫及了。简单好记的微信公众账号如图 10-6 所示。

6. 不能太短或者太长

微信公众账号 ID 不能设置得太长，因为太长的 ID 会增加顾客记忆及搜索难度，越困难顾客放弃的机会就越高，就会损失潜在的目标顾客的关注。所以企业的微信公众账号 ID 能简短的一定要简短。一般公众账号的个性化 ID 需要设置为 6 位以上，由纯英文或者英文加数字的组合的构成，但是切忌过长。长短合适的微信公众账号 ID 如图 10-7 所示。

图 10-6 简单好记的微信公众账号

图 10-7 长短合适的微信公众账号 ID

7. 不能用冷僻词汇

切忌起生疏的或是没有相关关键词的微信账号。因为微信的公众账号平台属于封闭性平台，基本都是通过微信搜索来进行关注的，如果你的微信号没有大的宣传转化，一定要起和你的微信内容相关的名字。

8. 不要使用宽泛的词汇

对于公众号的描述最好结合百度指数，查找搜索度较高的词汇，要符合网友的搜索习惯。比如你的客户群体是上海的美食客，取名“美食”显然不仅针对人群过于宽泛，在整个美食的微信公众账号排名中也很难脱颖而出，即便关注你的公众号的用户也未必是你的客户。而选用“上海美食”则不仅锁定了客户群体，也缩小了竞争对手数量，可谓一举两得。

10.2 内容应该定位于服务客户

做任何微信公众号，首先运营者自己要有清晰的定位。微信定位是一个企业微信公众账号建设和发展的核心。根据定位确立品牌形象、目标人群。有了清晰的定位，就不用去担心粉丝数量。粉丝活跃度远比粉丝数量重要，100 个活跃粉丝要比 1000 个没有交流的粉丝有效得多。以七匹狼为例，七匹狼微信账号定位就很清晰：致力于为消费者提供满足现代多元化生活需求的高品质服装产品，专注品牌男装，如图 10-8 所示。

图 10-8　七匹狼微信账号定位

怎样做好微信的定位呢？

1. 找准定位

确立定位就是确立目标市场，就是确立战略取向。而企业微信如何定位，最主要的就是解决一个核心问题：要利用微信做什么。举个例子，假如你是做包包的，你的定位目标就是包包，而不要跨越到金融行业，因为你更擅长这个领域。给关心企业的用户正确的信息，对于企业微信公众账号千万不可整天围绕着当前的热点事件去发表意见，而是多多关注企业自身的信息。

2. 服务客户，不是营销工具

事实上，微信营销只不过是微信公众账号的一个属性而已，千万别把公众账号仅仅当成营销工具，更重要的是把微信作为一个服务用户的工具，让用户主动地体验服务，方便快捷。

结合企业服务、营造良好的沟通氛围，这样就可以让用户愿意把自己的建议发表出来，而企业通过这些建议及时调整方案，这样才能够形成双赢的局面。

3. 地域精准

只有激活了精准的用户，才会获得潜伏已久的金矿。如果说产品或服务只是针对某个城市而言的，但是你将产品定位到全国，那么其余的城市的用户对产品也就不感兴趣，或者感兴趣你也提供不到服务。那么我们需要做的就是缩小范围，准确定位区域。

4. 用户归类

微信公众平台有明确的分组，我们可以将感兴趣的用户归类，对他们及时推送消息。想要了解这方面咨询的朋友，自然会对他们有帮助并且会达成购买的欲望。了解用户合适的诉求，准确找到切入点是关键。高质量的粉丝不易流失，老客户还能给企业起到一定的宣传力度，加大品牌力度。

10.3 解答疑问或互动游戏

有不少类商品的专业性很强，商品的意义并不在于本身，而是给客户带来什么。例如服装类微信公众账号发布一些粉丝关心的问题，如“羽绒服怎么洗”、“牛仔裤怎么洗不掉色”等，如图 10-9 所示，这些内容都是非常优质的内容，具有很高的浏览价值，用户自然不会反感。

例如，问卷查看、刮刮卡抽奖、大转盘、拼图等游戏都是不错的互动形式，结合优惠券、赠品、积分，客户的积极性也会更强。但会有个问题，这类互动游戏的新鲜感是个问题，因为简单，所以容易被淘汰。招商银行的刮刮卡抽奖如图 10-10 所示。

图 10-9　解答客户疑难咨询

图 10-10　互动游戏

10.4　微信内容从哪里寻找

在做好企业微信内容定位后，结合所设定位，接下来就要进行内容的筛选。在内容的筛选方面，我们来看看一个微信的案例。"山东综艺频道官方微信"是一个综艺节目粉丝团，喜欢山东综艺台的观众朋友可以通过综艺微信跟山东综艺的明星艺员或者评委聊天。他们是怎样选择好的微信内容呢?

（1）关联性：因为是电视节目粉丝团聚合而成的微信，所以发布的内容可以是一些相关的节目视频。

（2）趣味性：除了发布一些相关视频外，还可以根据粉丝群体的特性发布一些有趣的内容，例如"孩子因成绩不好，又被妈妈骂笨鸟，孩子不服气的说，世界上笨鸟有三种，一种是先飞的，一种是嫌累不飞的，妈妈问：那第三种呢? 孩子说：这种最讨厌，自己飞不起来，就在窝里下个蛋，要下一代使劲飞。"如图 10-11 所示。

（3）实用性：内容需要能向用户提供实用性的信息，比如精彩节目预告等，如图 10-12 所示。

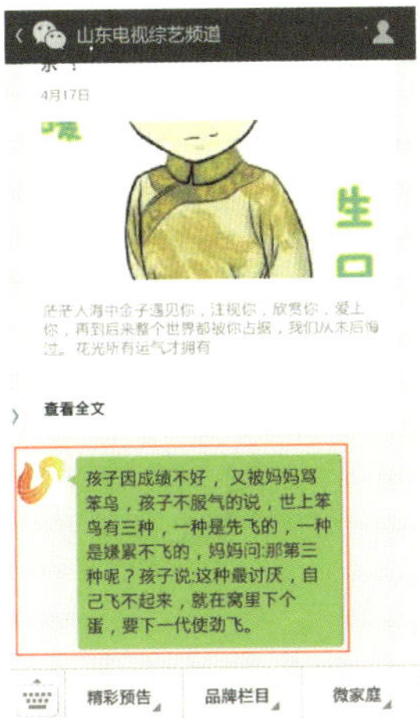

图 10-11 趣味性

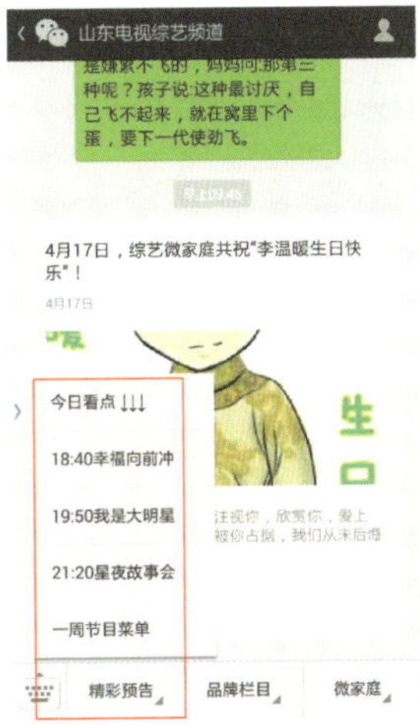

图 10-12 实用性精彩节目预告

（4）多元性：内容的形式需要多元化，视频、图片、文字等，每一个微信基本都会配图，大部分也有视频，让粉丝能通过多元化的渠道了解节目的相关信息，如图 10–13 所示。

（5）互动性：《相亲相爱》节目报名功能，想要参加的朋友可以通过微信报名《相亲相爱》，另外还有互动社区可以发帖回信息，如图 10–14 所示。

图 10–13 多元性

图 10–14 互动性

（6）一致性：基本每条微信都是尽量表达一个主题，让粉丝容易接受，不会因为没看别的微信而云里雾里。

（7）热点话题：我们知道了解当前的热门话题是非常重要的，拥有一定量粉丝的平台可以利用热点话题带动粉丝主动分享。

10.5 怎样编制微信内容

做好微信内容定位，确立了内容筛选的范围后，接下来就需要对内容进行编制和管理了。按照内容来源方式分类，可将微信内容分为下面几种。

1. 日常内容

日常内容是企业微信每天定时需要发布的内容，为企业微信固定板块。日常内容可原创，也可引用他人的精华内容。企业可依据品牌特点及微信定位选取不同的方式规划微信内容。

栏目的规划可以结合企业品牌特点来分类。例如，“北京学大教育”为教育类型，则可分为“政策资讯”、“家庭教育”和“实用工具”等。在“政策资讯”下又可分为“最新”、“高考”、“中考”、“小升初”等栏目，如图 10-15 所示。

图 10-15 日常内容

2. 活动营销内容

可以通过举办活动营销，提高微信知名度，获取潜在客户的关注。活动的形式可以多样化，主要目的是和用户进行持续互动，建立关系。必要时也可以举行一些投票或促销赠券，以回馈粉丝的支持，如图 10-16 所示。

图 10-16　活动营销

高手指点

在奖品种类的选取上，要注意以下两点。

- 奖品尽量是品牌的产品或者是和品牌同性质的产品；这种类型的产品可以把品牌信息或者产品性质最大化呈现给粉丝。
- 奖品不在精贵，在于做到“人人参与，人人获奖”；小众的产品照样能起到极大的传播效应，粉丝往往不会在乎奖品大小，能中奖已经是一种幸运，如果能抓住用户心理去举办活动，互动效果则会加倍。

3. 灵活应变内容

灵活应变内容的渠道可分为两种：

- 结合每日微信热门话题榜单进行适当创作；
- 针对节假日撰写一些比较特别的文章，针对双十一节日的内容如图 10-17 所示。

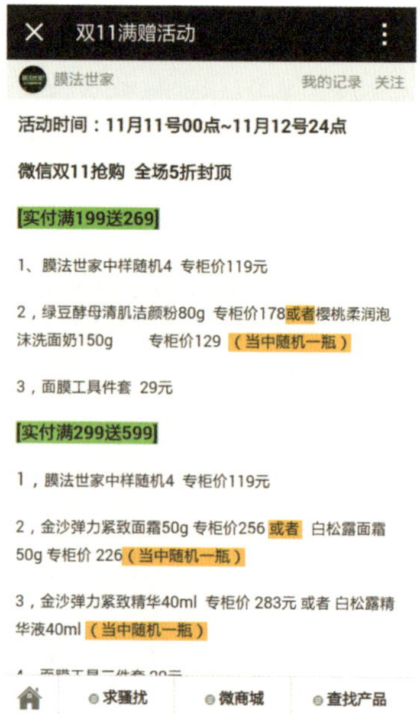

图 10-17 针对双十一的微信内容

10.6 善于"阅读原文"

当我们阅读微信公众平台推送的图文消息时，文章结尾的左下角会出现蓝字"阅读原文"；这个就是运营公众号添加原文链接的结果。如何高效利用原文链接是公众号运营者需要思考的。

1. 添加"源"文章网址链接，增加权威性

当我们用微信公众账号传播一篇网络上的文章时，往往由于自己账号的非权威性，导致文章分享价值不大，如果直接将原文链接添加上，阅读者判断出原文的真实性和权威性，增加分享的概率，同时也是对原文作者的尊重。文章底部的阅读原文链接如图 10-18 所示。

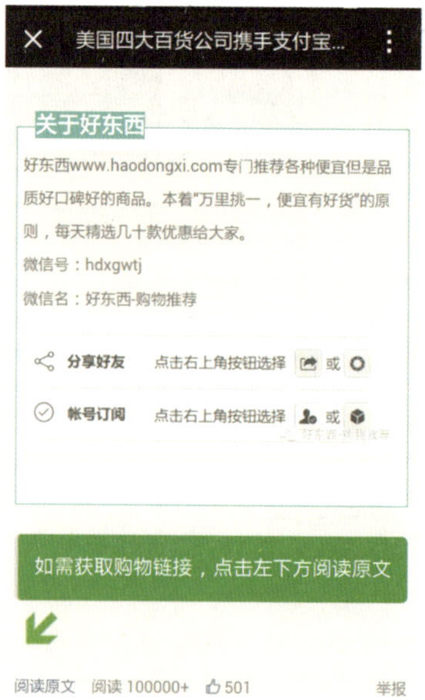

图 10-18 文章底部的阅读原文链接

2. 添加促销活动页面链接，便于分享转发

大多数运营者搞活动时，直接将链接发送文字消息，达不到预期效果。将活动通过图文简介后，把促销优惠活动页面添加到阅读原文链接处，如图 10-19 所示，写上提示语，达到活动参与效果，最重要的是可便于分享转发到朋友圈。

图 10-19 添加促销活动页面链接

3. 添加微网站链接，传递更多信息

微信公众账号运营者推送消息时，恨不得将信息一股脑推送给阅读者，除了每天发图文消息外，将微网站网址添加到原文链接中，便于海量信息的传达，注意要告诉阅读者阅读原文的目的，这样才有曝光度。

4. 添加第三方平台的调查问卷、数据统计表等链接

现在很多微信第三方平台或者其他开发者，为了抢占微信的每一个接口，开发出各种适用于微信的服务，如调查问卷、活动报名、求职招聘等调查表，获取调查表链接添加到原文链接中。

5. 添加历史消息，增加新粉丝的黏性

查看微信公众号，点击查看历史消息，点击右上角，复制链接，添加到原文链接中，让新关注的粉丝查看公众号以前的内容，增加对公众号的了解和历史干货的分享。

6. 添加图文消息链接，实现微信公众号潜在互推效果

选择互推账户的一篇高质量图文消息或者专门用于互推的图文，复制链接放于添加原文链接中，实现潜在互推，比直接推荐微信公众号 ID 和二维码更直接。

10.7 写好微信内容的技巧

微信的魅力就在于其内容和文笔风格。如果企业想要通过微信来吸引客户，粉丝多不是关键，高质量的内容才是重中之重。企业想要打造一个具有品牌影响力的微信，应该要将内容作为突破口，认真去分析如何打造和定位具有影响力的微信。下面为微信内容写作技巧，适用于各行各业，可结合企业特点、产品特点编写微信内容。

1. 相关性

企业微信其实就是一个与用户进行互动的平台，通过微信可以与用户进行交流。用户关注你的微信即代表他和你是同一个圈子的人，他和你有相同的话题。因此微信发送内容首先就要考虑的就是与自己的品牌、产品、公司、以及行业领域等方面的相关性，这样才能吸引到目标用户群体。

高手指点	企业微信一定要面对目标用户，微信的内容和企业产品相关，这样才有好的营销效果。

如图 10-20 所示，“五木西服”微信与企业经营的产品有关。五木西服微信商城已上线，如图 10-21 所示，而且产品都与线下专柜同款。消费者在微信购物平台购买商品，可选择线上发货或门店自取。

图 10-20 微信与企业经营的产品有关

图 10-21 商城产品

2. 互动性

与用户做好互动性的前提是要真心地和用户进行交流和沟通，而不是一味地单方面发布自己的意见。既然微信是用来与用户面对面交流的，那么在与用户沟通方面，一定要注意内容的通俗易懂。多从用户的角度去考虑，切记不要一味地使用官方的话语去糊弄用户，甚至还要多用一些流行词汇，与用户拉近距离。

3. 价值性

品牌微信一定要注意微信内容的信息价值，要言之有物，言之有料。频繁的广播也会造成刷屏问题，如果推送一些没有价值的信息是很讨人嫌的。用户的注意力非常有限，不要期望他们注意一些没有价值的信息。

“北京爱琴海购物公园”微信发送有价值的内容。如图 10-22 所示，微信公众号开通了，扫一扫美味闯三关。添加关注，可以当餐赠送小菜一份！完善个人资料，领取会员卡并签到成功，即可享受粥品 7.5 折优惠。另外还开通了免费购物班车，如图 10-23 所示。

图 10-22 发送有价值的内容

图 10-23 生日免餐费

4. 文字简练

微信基于用户关系进行信息分享、实时传播以及快速获取信息的平台。随着互联网的发展，用户阅读习惯能够接受的字数不断减少。所以微信内容要尽量简短，用户在几秒内就能了解微信的主题内容最好。“真正快餐”店的欢迎文字比较简练，如图 10–24 所示。

5. 语言风格通俗

对于行业内专业词语，做到少用或者不用，专业的词语用通俗的文字表达，幽默风趣，印象深刻。

6. 情感要真挚

微信是人物的折射，在微信运营中，要用真挚的感情写微信。无论事情大小，微信透露出的真挚能够很好地感染用户，形成传播。

7. 娱乐精神

微信的内容要具备娱乐精神，企业微信具备娱乐精神能对微信营销起到一定帮助。搞笑图片如图 10–25 所示。

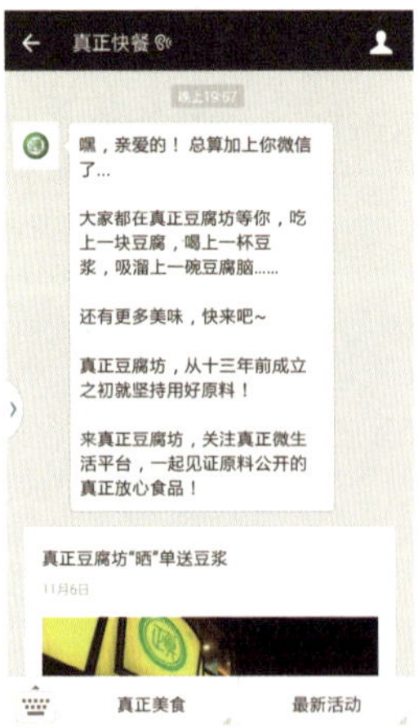

图 10–24 “真正快餐”店的欢迎文字精简

图 10–25 搞笑图片

8. 善于讲故事

结合产品、用户群体，进行故事编辑，可讲感动的故事、幽默的故事，从而加深用户对微信、产品的认识度。如图 10–26 所示，“中国光大银行苏州分行”微信中就利用讲故事来吸引人气。

9. 适度结合热点

所谓热点是指大多数人感兴趣的内容。将自身产品与微信热点结合，能有效地达成用户转发、评论。增加用户黏度。

10. 让网友创作内容

当微信获得一定的互动后，关注每位粉丝的微信评论，最好的内容来源于用户。从用户评论中获得好的微信创意。微信内容的互动性使用户形成转发和评论，形成良性循环。

11. 善用图片

微信配图是对微信文字内容的进一步阐述，也是吸引用户观看微信内容的最好方法。可对微信图片进行原创加工，让图片吸引用户，留住用户。如图 10–27 所示，“南京中央商场”就利用图片分享了店铺的产品信息。

图 10–26　善于讲故事

图 10–27　善用图片

12. 特色性

人们总是会记住有特色的东西，特色是一种个性，也是一种自我品牌，每个品牌都会有自己的特色，微信也是如此。

高手指点	企业应该尽量去考虑每一条信息的具体情况，考虑信息的目标群体，靠近这些标准，灵活自如地打造自己的高质量微信。

第 11 章 用微信公众账号推广

微信是微店推广最主要的阵地。公众账号是微信推广的有力助手，因为微信公众号粉丝是潜在的客户，我们发展起来的粉丝自然对我们有一定的忠诚度，每一次上新宝贝，总是要第一个告诉他们，所以要把重点放在宣传和推广微信公众号上。企业借助微信实现客户关怀、营销推广、品牌传播等目的，目前大多借助“微信公众账号”实现，其类似官方账号的形式，更是得到大量商家的青睐。

11.1 添加微信好友

可以通过宣传单、海报、产品包装、名片等形式将微信公众号二维码进行公开的宣传，地铁海报宣传微信如图 11-1 所示。特别是针对具有线下店面的企业和商家，能更好吸引用户实现重复购买。通过公众账号的客户关怀及服务、特惠推广等形式，将用户转化为忠诚用户。

图 11-1 地铁海报宣传微信

对于自己的亲朋好友和客户，可以通过他们的 QQ 和手机联系人添加微信好友，如图 11-2 所示，单击“QQ 和手机联系人”，进入如图 11-3 所示的添加朋友页面。QQ 好友、手机联系人的朋友全部导入微信，这个方法是最直接和最简单的方法，而且客户质量都是非常高的，因为 QQ 和手机上的人都是一些你认识的朋友，同学、同事、朋友、客户等关系，也是你最宝贵的资源。

图 11-2 单击“QQ 和手机联系人”

图 11-3 添加朋友页面

可以添加 QQ 好友，如图 11–4 和图 11–5 所示。

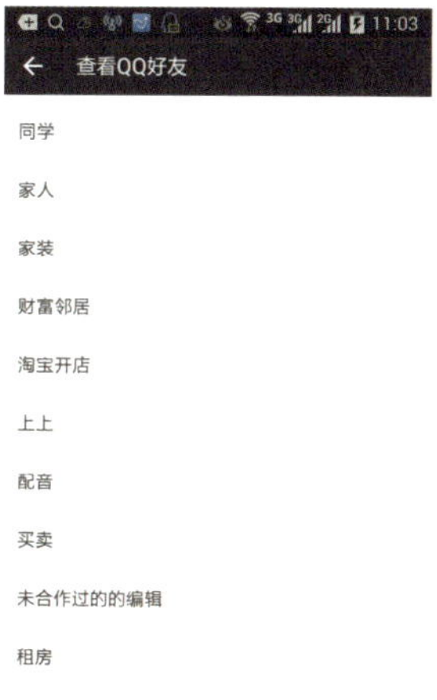

图 11–4　查看 QQ 好友

图 11–5　添加好友

查看添加手机通讯录如图 11–6 所示。

通过结合企业自身的行业属性，在 QQ 群中进行关键词检索，能更好地找到精准属性的潜在用户群。同时 QQ 账号与微信的打通，大大增加了用户转化便捷度。通过 QQ 邮件、好友邀请等方式，都能批量实现用户的导入，如图 11–7 和图 11–8 所示。

图 11–6　查看添加手机通讯录

图 11–7　查找群

图 11–8　查找结果

如果有机会的话，可以多参加一些业内培训、论坛、讲座、交流会等，来这里的朋友都是为了认识更多的人，所以参加这些活动是增加微信好友好方式。

微博群、行业网站及论坛用户导入：这些平台上聚集的都是同样属性的用户群体，他们大多具有同样的爱好，对于行业产品及服务都具有同样相对强烈的兴趣及需求。可以检索关键词以准确地找到目标粉丝，然后筛选哪些是你的目标粉丝，与他们互动。

成了个人微信好友之后，不建议直接把微信公众账号群发推荐给他们，因为群发的转化率特别低。 有一家公司一开始就是群发信息，群发给 3000 人，只有 100 人响应。人际沟通是相互的，你只用 1 秒钟来关注某个粉丝，他也只会用 1 秒钟来关注你。后来他们调整了策略，每个推广对象都会花一两分钟，做朋友式的沟通，然后再提到自己的微信公众账号，邀请对方关注下。结果令人惊喜，转化率轻松提高到了 1000 人。所以在添加了个人微信后，要稍微和他们有所沟通，然后再把你的微信公众账号直接发给他，请他关注。

11.2 企业号、服务号、订阅号的特点和差别

随着微信推出企业号后，很多人开始对微信公众平台的订阅号、服务号和企业号犯迷糊，搞不清楚这三个号的区别了。下面就介绍它们的特点和区别。

1. 微信企业号

企业号能帮助企业、政府机关、学校、医院等事业单位和非政府组织建立与员工、上下游供应链及内部 IT 系统间的连接，并能有效地简化管理流程、提高信息的沟通和协同效率、提升对一线员工的服务及管理能力。

总地来说，我们可以把企业号和一个企业内部的 OA 系统类比起来，主要包括下面几个方面的功能。

（1）人事管理：可以根据不同的部门，建立人力资源库，例如通讯录、职位、工资等。

（2）业务环节：采购、仓储、销售等业务流程都可以通过企业号来控制。

（3）行政：上报、审批、文件下达、执行进度监控等。

（4）沟通：一对一（如领导和员工谈心）、多点（如网络会议）、权限范围内沟通（如和客户沟通）。

2. 服务号

给企业和组织提供更强大的业务服务与用户管理能力，帮助企业快速实现全新的公众号服务平台（银行和企业做客户服务使用较多）。

（1）1 个月（自然月）内仅可以发送 4 条群发消息。

（2）发给用户（粉丝）的消息，会显示在对方的聊天列表中。

（3）在发送消息给用户时，用户将收到即时的消息提醒。

（4）服务号会在订阅用户（粉丝）的通讯录中。

（5）服务号无需认证即可免费申请自定义菜单。

（6）服务号获得微信认证后即可申请微信支付，接入微信支付可在服务中心中申请开通微信小店功能。

3. 订阅号

为媒体和个人提供一种新的信息传播方式，构建与读者之间更好的沟通与管理模式。

（1）每天（24 小时内）可以发送 1 条群发消息。

（2）发给用户（粉丝）的消息，将会显示在对方的订阅号文件夹中。

（3）在发送消息给订阅用户（粉丝）时，订阅用户不会收到即时消息提醒。

（4）在订阅用户（粉丝）的通讯录中，订阅号将被放入订阅号文件夹中。

（5）订阅号申请自定义菜单，需提交 300 元申请腾讯的微信认证。

（6）订阅号不可申请微信支付功能。

4. 微信企业号与服务号、订阅号的区别

（1）从等级上看，从高到底依次是企业号、服务号、订阅号。企业号和服务号都显示在聊天列表中，而订阅号显示在订阅号折叠列表中。

（2）从功能上看，企业号主要是面向企业内部的员工，员工们都关注企业公众号之后，就能实现上文所说的各项功能，企业外的人关注之后，只能（甚至不能）实现特定权限范围内的功能。服务号只要是提高一些服务功能，例如查询、互动沟通。订阅号主要是为了向订阅用户推送一些有价值的信息。

（3）从开放的接口来看，订阅号最多开放自定义菜单，服务号可以开放 9 项高级接口，以及微信支付接口，而企业号则开放更多接口，具体开放的接口可以查看开发者文档。

11.3 如何打造属于自己的微店公众号

运营公众号首先要申请注册属于自己的微店公众号，注册方法及注意事项如下。

（1）登录微信公众平台注册网址：http://mp.weixin.qq.com/，在页面右上角单击“立即注册”，如图 11-9 所示。

图 11-9 单击“立即注册”

（2）进入基本信息填写页面，填写邮箱、验证码和密码，如图 11–10 所示。

图 11–10 基本信息填写

（3）填写完信息后，勾选“我同意并遵守《微信公众平台服务协议》”按钮，单击“注册”按钮，进入激活邮箱页面，如图 11–11 所示。

图 11–11 进入激活邮箱页面

（4）进入激活邮箱页面，单击链接激活帐号，如图 11–12 所示。

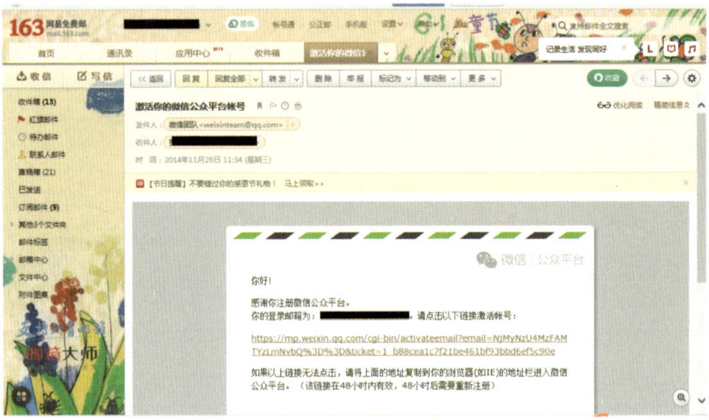

图 11-12　单击链接激活帐号

（5）选择类型时，如果注册的是组织类型，则可创建“订阅号”也可以创建“服务号”，如果注册的是个人类型，则只可创建“订阅公众号”。这里选择“订阅号”，单击“选择并继续”，如图 11-13 所示。

图 11-13　选择“订阅号”

（6）弹出“您选择的是：订阅号，选择公众号类型之后不可更改，是否继续操作？”提示，如图 11-14 所示。

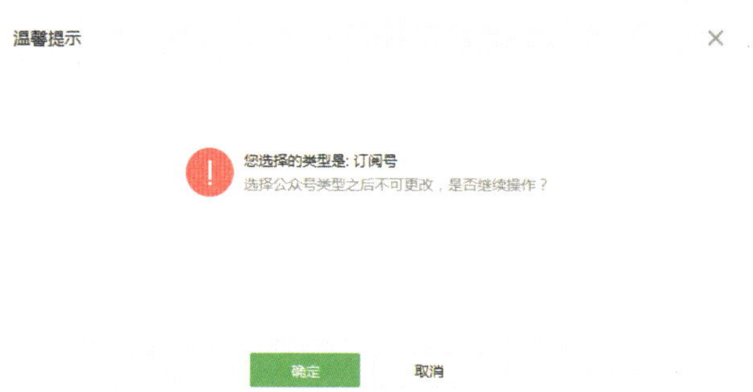

图 11-14 弹出提示

（7）单击“确定”按钮，为了更好的保障你和广大微信用户的利益，进入信息登记页面，主体类型包括“政府”、“媒体”、“企业”、“其他组织”和“个人”。个人类型包括由自然人注册、认证、运营的公众帐号。这里选择“个人”，如图 11-15 所示，填写个人姓名、身份证号码和手机号码。

图 11-15 信息登记

（8）登记个人信息后，单击“确定”按钮，弹出提示信息，如图 11–16 所示。

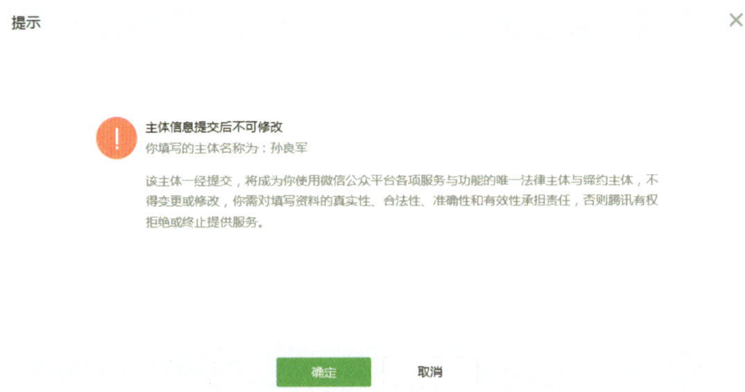

图 11–16 弹出提示信息

（9）公众号信息完善时“账号名称”和“功能介绍”的填写非常重要，如图 11–17 所示。账号名称一定慎重填写，因为确定后无法更改。当你提交完成以上步骤后，属于你自己的微店公众号就诞生了。

图 11–17 设置“账号名称”和“功能介绍”

（10）单击“确定”按钮，提示注册成功，如图 11–18 所示。

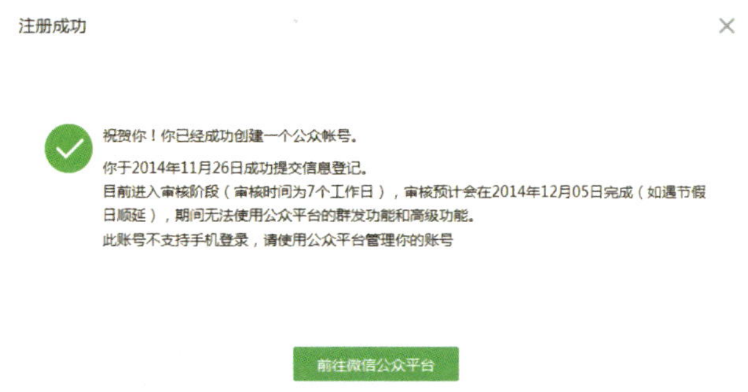

图 11-18　注册成功

（11）当注册完成后，会引导你设置账号基本信息。头像可以选择微店的店标，名称是已经设置好的微店名称，单击“修改头像”，如图 11-19 所示。

图 11-19　单击“修改头像”

（12）进入修改头像页面，如图 11-20 所示。

图 11-20　修改头像页面

（13）单击“同意并进入下一步”，进入如图 11–21 所示的页面，在页面中单击“上传”按钮。

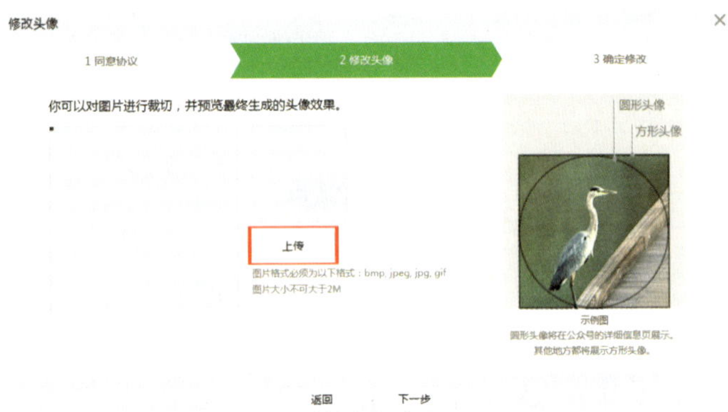

图 11–21 单击“上传”按钮

（14）在弹出的选择上载文件对话框中，选择要上传的头像图片，如图 11–22 所示。

图 11–22 选择头像图片

（15）单击“打开”按钮，即可上传成功，如图 11–23 所示。

图 11-23　上传成功

（16）单击“下一步”按钮，确定修改头像，如图 11-24 所示。

图 11-24　确定修改头像

（17）单击“确定”按钮，修改成功返回公众号设置页面，单击“设置微信号”，如图 11-25 所示。

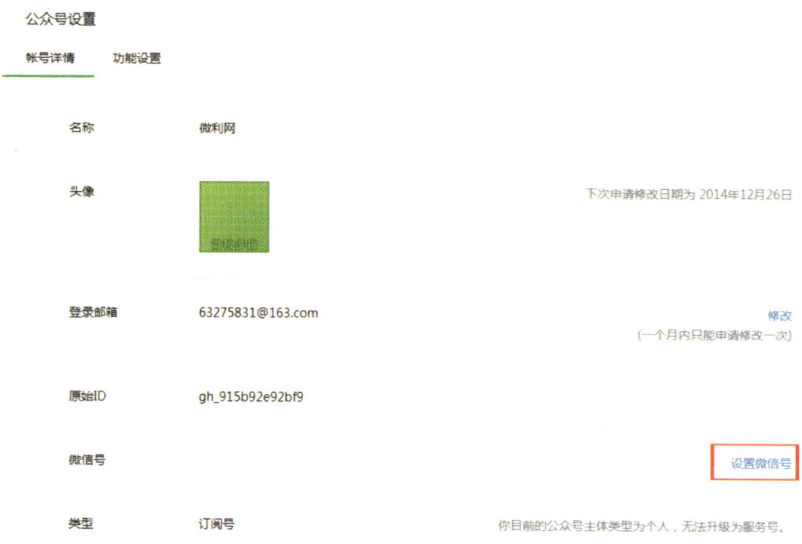

图 11-25 单击“设置微信号”

（18）弹出设置微信号对话框，如图 11-26 所示。微信号只能设置一次。设置的微信号务必要好记、要简单，这样在推广的时候有助于更多的人关注你。如果名字有内涵又好听，推广效果说不定会事半功倍。

图 11-26 设置微信号

11.4 用公众号推广你的微店

要想用公众号推广自己的微店，当然少不了公众号内容与微店的相结合。本节将讲解如何巧用公众号功能推广自己的微店。

（1）进入微信公众平台 https://mp.weixin.qq.com/，输入账号和密码后单击“登录”按钮，如图 11-27 所示。

图 11-27 输入账号和密码

（2）进入微信公众平台管理页面，单击左侧的“素材管理”，如图 11-28 所示。

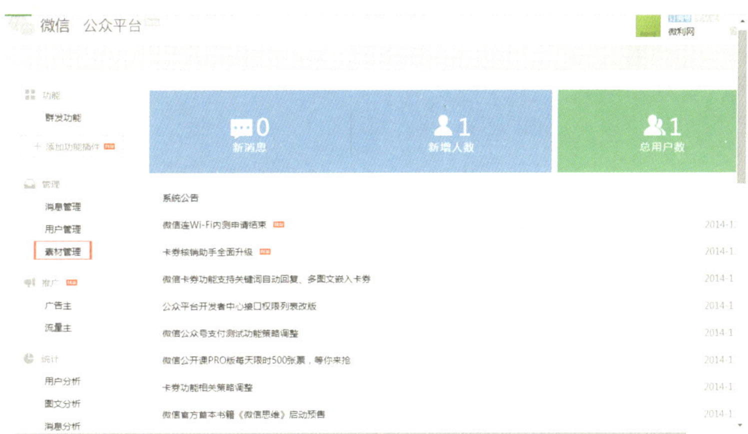

图 11-28 单击“素材管理”

（3）素材内容分为图文消息、图片、语音和视频，图文消息的推广效果最佳，如图 11-29 所示。

图 11-29 编辑图文消息

（4）单击“单图文信息”，如图 11-30 所示。

图 11-30 单击“单图文信息”

（5）进入“新建图文信息”页面，首先写好标题，标题是吸引用户的关键，编写的好坏会直接影响大家的兴趣，如图 11-31 所示。

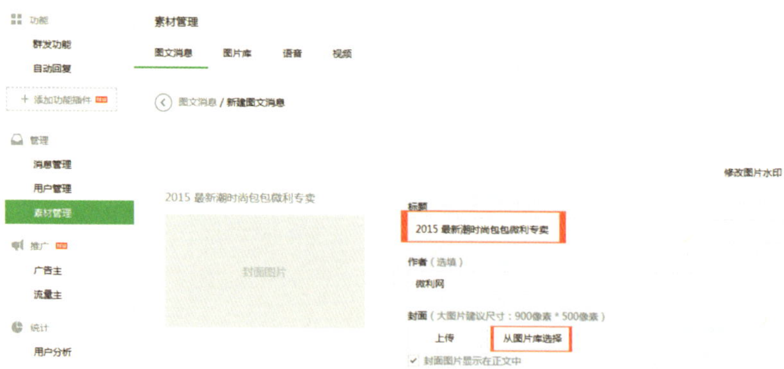

图 11-31 写好标题

（6）封面是推广给大家的第一扇门，醒目的封面会促使粉丝更加兴趣，单击“从图片库选择”按钮，弹出如图 11-32 所示的“选择图片”窗口，从中选择封面图片。

图 11–32 选择封面图片

（7）单击“确定”按钮即可成功添加封面图片吸引用户，如图 11–33 所示。

图 11–33 成功添加封面

（8）下面进行正文内容的编辑，内容与微店的结合尽在此处。填写完精美的图文内容后，再用显著的标示指引大家点击原文链接（原文链接当然就是你的微店地址或者商品的微店地址），你的微店及商品还怕没人去挑选吗？如图 11–34 所示。

图 11-34 编写正文内容

（9）保存后即可预览效果，如图 11-35 所示。到这里，结合自己微店的公众号素材就制作完成了。

图 11-35 公众号素材制作完成

（10）将编辑好的素材内容预览无误后群发推广。返回公众平台页面，单击左侧的“功能”—“群发消息”下的“图文消息”按钮，如图 11-36 所示。

图 11-36 单击“群发消息”下的“图文消息”

（11）弹出“选择素材”窗口，选择刚刚编辑好的素材，如图 11-37 所示。

图 11-37 选择素材

（12）单击“确定”后，返回群发页面，由于每天仅一条群发，要确保内容无误后再发送，如图 11-38 所示。

图 11-38 确保内容无误后群发

（13）单击“群发”按钮，进入“开启微信保护”页面，如图 11-39 所示。

图 11-39 进入“开启微信保护”页面

（14）单击“开始”按钮，进入选择验证方式，这里选择通过手机号来验证，如图 11–40 所示。

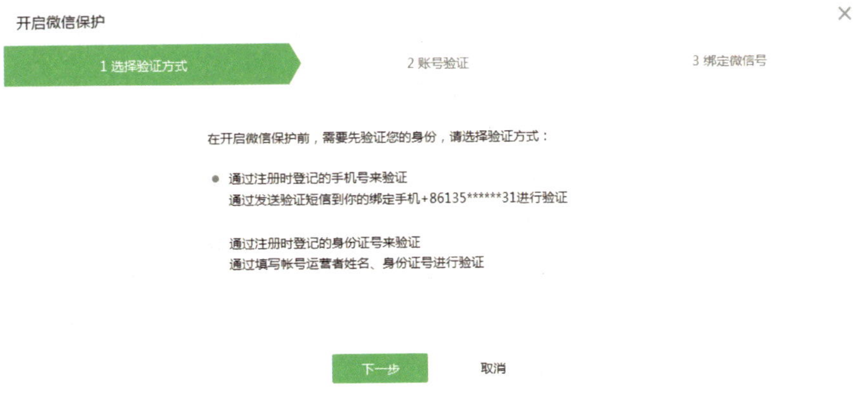

图 11–40　选择验证方式

（15）单击“下一步”按钮，进入账号验证页面，输入手机验证码进行验证，如图 11–41 所示。

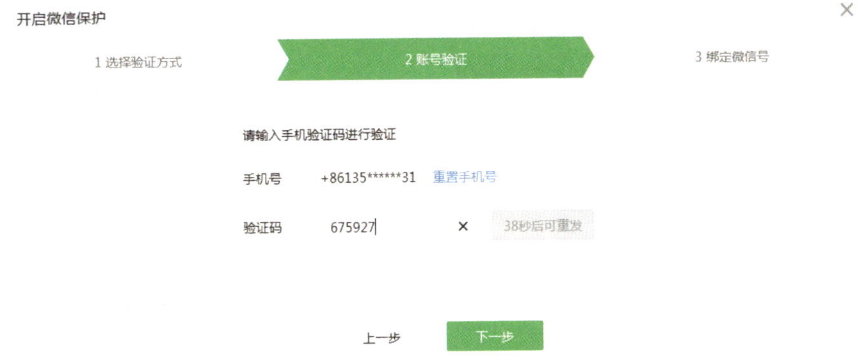

图 11–41　输入手机验证码进行验证

（16）单击“下一步”按钮，进入绑定微信号页面，如图 11–42 所示。

图 11-42 进入绑定微信号页面

（17）使用微信扫描二维码进行验证，进入确认绑定微信公众账号页面，如图 11-43 所示。

（18）单击“确定”按钮，确认绑定成功，如图 11-44 所示。

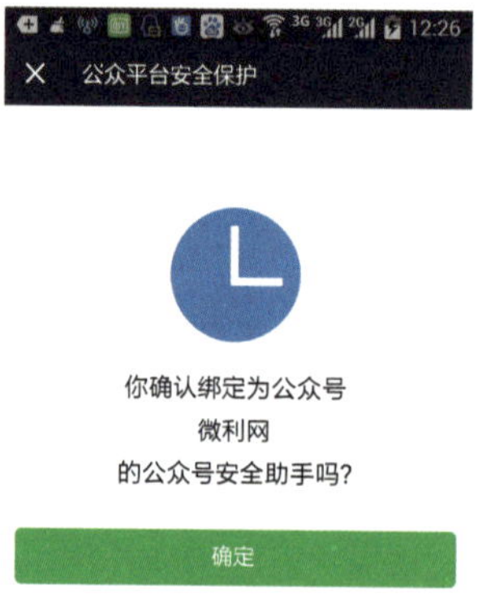

图 11-43 确认绑定微信公众账号

图 11-44 确认绑定成功

（19）群发成功后，如图 11-45 所示。

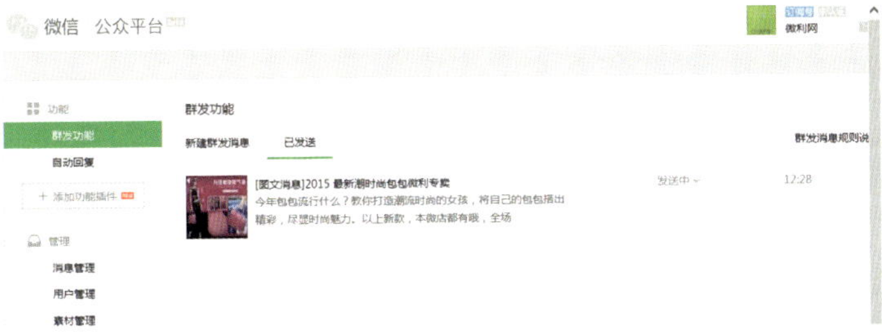

图 11-45 群发成功

11.5 巧用公众号机器人推广微店

下面将介绍如何巧用公众号机器人自动回复推广微店，让你轻松地使用公众号推广微店。

（1）进入微信公众平台管理页面，单击左侧的“自动回复”，如图 11-46 所示。

图 11-46 单击“自动回复”

（2）针对用户的行为，你可以设定特定的文字、语音、图片、录音作为自动回复。当用户符合你所指定的规则时，就会收到自动回复消息。自动回复分为“被添加自动回复”、“消息自动回复”和“关键词自动回复”，这 3 类回复内容将成为我们推广微店的途径，如图 11-47 所示。

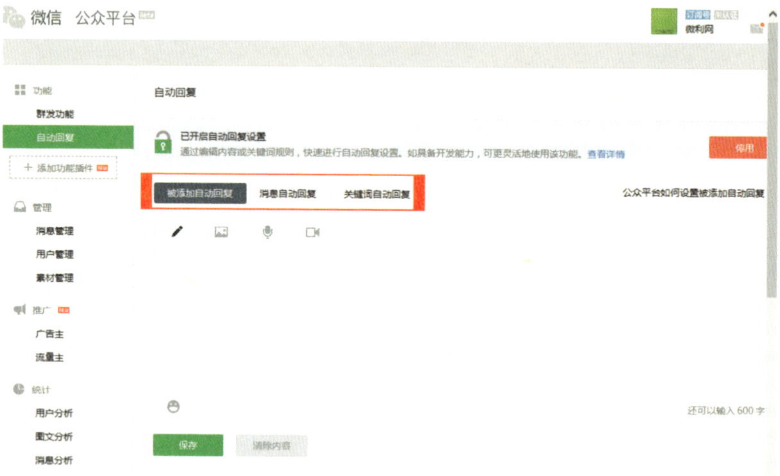

图 11-47 自动回复

（3）使用如下方式来设置被关注自动回复内容“Hi，欢迎光临微利网，我们会不断更新最新、最潮、最流行的时尚商品给您，回复‘CXDT’查看最新促销动态，回复‘女包’挑选最新最潮的女包，回复‘箱包’挑选最流行的箱包。”将微店商品关键词在第 1 条招呼语中得到推广，如图 11-48 所示。

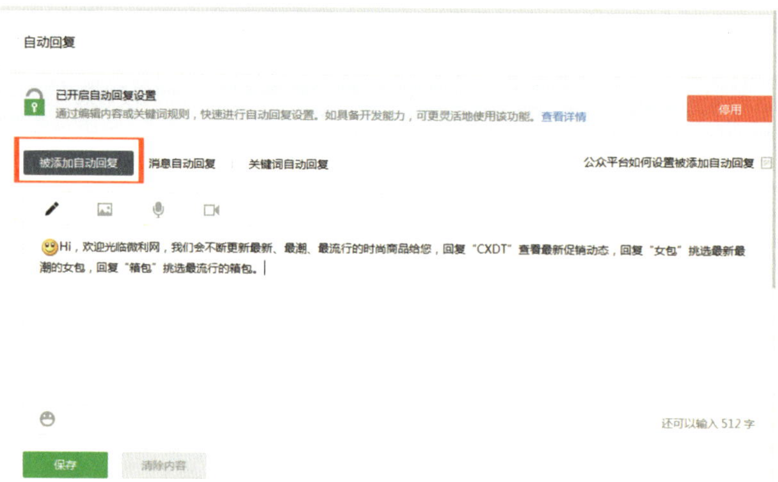

图 11-48 “被添加自动回复”内容

（4）按照如下设置消息自动回复，可以让粉丝找你有事时，自动为其推荐微店最新动态。当你有空时，再回复用户问题，可以让用户感受到人性化及关注度，如图 11–49 所示。

图 11–49　设置消息自动回复

（5）关键词回复的设置对微店及商品的推广至关重要，首先“添加规则”，在“规则名”中为关键词规则概括这个名称，如图 11–50 所示。

图 11–50　添加规则名称

（6）接着设置关键字和回复文字以及促销图片，以大多掌柜的微店为例，可以按以下方式设置关键词，让你的粉丝更好的在公众号中逛你的微店，如图 11–51 所示。还可以设置其他的关键字回复，相信通过你精心的开发机器人回复，会更好地提高你的微店推广效果。

图 11–51　设置关键字和回复文字以及促销图片

11.6　如何让公众号推广得到最佳效果

首先，基于微信公众平台，微店公众号不是绑定成功之后摆在那儿就可以了，真心需要自己去维护运营才能看到效果。

1. 清晰定位

要想做好微店公众号，首先掌柜自己要有清晰的定位。根据自己的定位确立品牌形象、目标人群。以化妆品类店铺为例，可以介绍一些时下热门的护肤品或护肤知识，相信会有很多爱美的年轻女性关注你的公众号。每一个微店的主营品类将会是公众号运营的核心定位。膜法世家的清晰定位如图 11–52 所示。

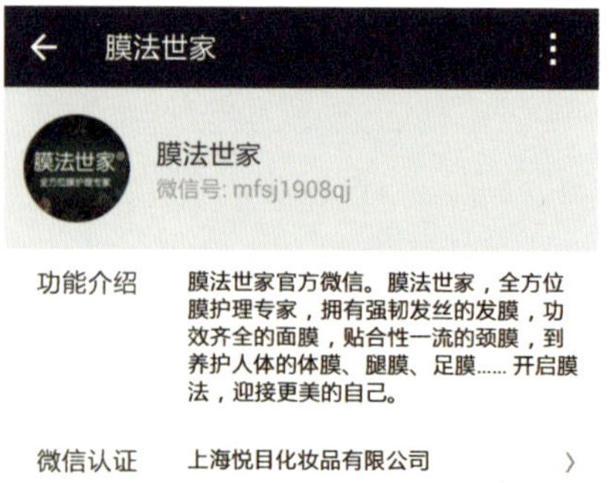

图 11–52　膜法世家的清晰定位

2. 优质内容

粉丝是因为内容好才关注公众号，转发公众号的内容也是因为感觉内容有价值，愿意再分享给更多朋友，所以一味地发商品广告必然适得其反。让粉丝先和你成为朋友，这样才会有接下来的销售。所以，优质的内容推送才能让你的微店公众号人气越来越旺，优质的内容如图 11-53 所示。

图 11-53 优质的内容

3. 真人值守

虽然微店为大家设置了自动回复和自定义回复功能，但真人值守才是最重要的。只要您在电脑旁，打开公众平台网页并且及时查看粉丝发来的消息，可以让粉丝感到自己是被重视的，而不是在和机器对话。在微信公众号上来点儿人情味儿推广效果更佳。

4. 完善自定义回复

遇到粉丝经常提同类型的问题，可以统一解答，让自定义回复来帮你分担。虽然人工值守回复消息很重要，但不能在同样的问题上耗费时间和精力，设置相应的回复，让程序来分担一部分工作，省时省力。

5. 贵在坚持

万事开头难，坚持就是胜利。当你写一篇文章时，用户不一定认可，但当你用心写到 100 甚至更多篇时，一定会得到认可。所以，贵在坚持，做生意拼的是投入和执行力，长期坚持下去，在实践中不断积累经验，培养与用户的感情，你的微店推广效果一定会越来越好！

与微博不同，微信公众号更核心的价值在于服务，包括售后、物流等，当有了清晰的定位和优质的内容后，接下来的重点就是维护与服务好用户。

第12章 获取精准粉丝的途径

企业借助微信实现客户关怀、营销推广、品牌传播等目的，目前大多借助“微信公众账号”实现，其类似官方账号的形式，更是得到大量商家的青睐。无论企业创造出多么优秀的产品，都是为了服务顾客，没有顾客一切都没有意义。微信营销运营如何吸引更多粉丝？本章将介绍一些常用的增加粉丝的方法，可以根据自己的情况选择适合的方法。

12.1 吸引粉丝的秘诀

吸引粉丝是一项漫长的工作，前期的积累很重要。从某种程度来说，微信和微博粉丝积累是一样的，当人气达到一定数值时，粉丝的增加速度会快很多。但是为什么很多企业微信开通了很久，就是没有粉丝关注呢？什么内容最吸引粉丝呢？

12.1.1 微信阅读的特点

微信阅读具有移动阅读的典型特征，人们随时随地可以用手机进行私人化的阅读。微信阅读的特点如下。

（1）微信阅读是碎片化的阅读，因为微信的用户大部分都是在零碎的时间打开微信来阅读信息的，比如在排队、公交车上等情况下使用移动设备阅读信息、参与互动。所以微信公众号提供的内容要便于阅读、贴近生活，而不是长篇大论的文章。

（2）粉丝主动通过添加好友的形式关注微信公众账号。这也就意味着用户希望能从你的微信公众平台这里得到他想要的资讯，所以企业公众账号的内容要符合用户需求。添加好友的形式多种多样，除了与添加手机联系人、添加 QQ 好友、查找公众号、雷达加朋友、面对面建群之外，还可以通过扫一扫和查看附近的人进行添加。添加好友方式如图 12-1 所示。

图 12-1 添加好友方式

（3）特定信息的获取由粉丝决定。当粉丝成功关注企业微信之后，企业公众账号根据粉丝的要求将相应的内容发送到粉丝的手机上，以此形式来获取特定内容，如图 12-2 所示。

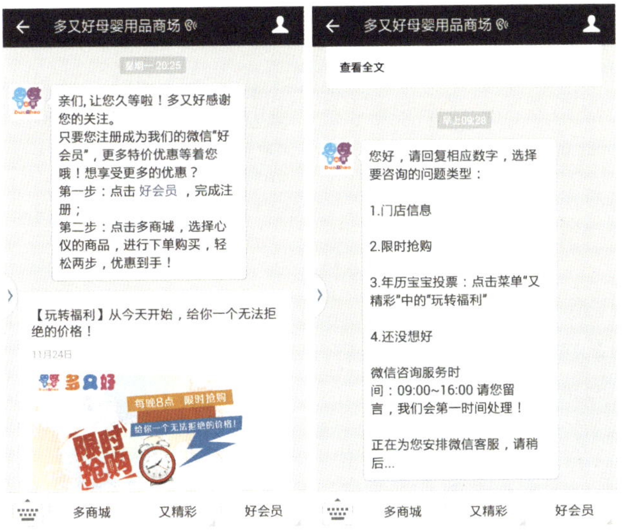

图 12-2 信息的获取由粉丝决定

（4）互动性强。由于微信不仅是阅读工具，还是沟通交流工具，粉丝还可以轻易地通过微信进行互动，如图 12-3 所示。

图 12-3 互动性强

（5）除了传统的文字信息外，图片、语言信息的传播也非常便捷。

微信阅读综合了移动文字、图片、语音阅读的多功能阅读体验，在整个阅读发生、进行的过程中，粉丝都有极大的主动权。

12.1.2 依靠丰富的内容吸引粉丝

根据速途研究院调查数据显示，61.25% 的用户是出于休闲娱乐等原因关注某公众平台，如“冷笑话精选”、“娱乐快报”等；41.9% 的用户关注是为了获取生活百科知识，如关注“母婴与育儿”获取母婴和育儿的知识；40.86% 的用户关注某一公众平台是为了获取时事信息，如关注“头条新闻”等微信，就会获得最新的时事资讯；25.81% 的用户关注某一公众平台是为了获取商家的最新动态，如“创业家”、“电影天堂”可以及时了解商家的促销信息，获得优惠。用户关注某公众平台的原因如图 12-4 所示。

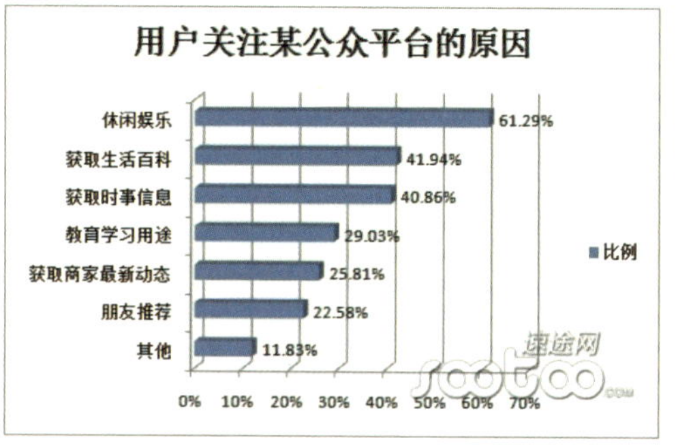

图 12-4 用户关注某公众平台的原因

只有有效的内容对应真实的粉丝才能收到相应的反馈，为粉丝提供他们感兴趣的话题他们才有参与互动的可能。推送的内容一定是有主题性、有策略性的，一定是要系统地推送。

对于一些商家，微信除了推出一些实用的打折优惠信息外，如图 12-5 所示，还可以加入一些品牌文化、产品背后的故事等内容。在这些小故事中再置入优惠信息，对于用户来说，他们既更进一步了解了品牌和产品，又得到了优惠的信息。

图 12-5 实用的打折优惠信息

比如吉野家微信公众账号，最近推出“泡椒鸡排饭”背后故事的内容，讲述了其选材和制作过程。在此次新品上市之际，吉野家全新推出一款微信 App 互动游戏——“我是傲椒派”，游戏采用互动问答的形式，通过回答 App 中的问题，可以测试你的傲娇指数，同时，在完成测试之后，还能获得吉野家“泡椒鸡排饭”的优惠券，能够以超优惠的价格享用美食，如图 12-6 所示。

图 12-6　产品背后的故事置入优惠信息

12.1.3 依靠活动吸引粉丝

活动是微信营销最吸引人关注的一种营销方式，无论是送奖品还是共同参与同一个话题的探讨，这是粉丝增长速度提升最快的一种模式，可以增加粉丝的互动活跃度。

高手指点	在微信营销中，活动的制定是影响粉丝增量和商家业绩的核心要素。在设计活动时，需要根据自身的企业特点来制订方案。例如，对于餐饮行业，通过活动粉丝增加的速度就很明显，免费试吃的活动就可以推动粉丝将公众号分享到自己的朋友圈。

2014 年 11 月 26 日，火锅“黄金搭档”——正宗王老吉全新推出“热辣火锅节，畅饮正宗王老吉”摇一摇有奖活动（该活动目前仅限于广州地区参加，全国其他城市将会陆续开放更多有趣的活动，敬请期待），满足你对冬日美食的一切幻想。

（1）寻找“激活码”。

想参加活动，首先要到指定店面购买一罐“活动装”的正宗王老吉。然后刮开罐身上的“激活码”，输入王老吉罐身刮卡区上的 8 位激活码，点击“开始抽奖”，就进入了期待已久的摇一摇页面，如图 12–7 所示。

（2）打开微信使用“扫一扫”功能，扫描罐身“条形码”，进入王老吉微信“商品主页”，点击下方的“热辣火锅节，畅饮正宗王老吉”即可进入活动页面。

（3）扫描罐身刮刮卡上的“二维码”，关注王老吉官方微信服务号，如图 12–8 所示，同样可以进入活动页面。

图 12–7 输入“激活码”

图 12–8 扫描“二维码”

活动营销最关键的一点是符合自己粉丝的需求，而且建立在粉丝全是真实粉丝、越多的人群效应是口碑爆发的前提。

12.1.4 依靠团购活动吸引粉丝

可以把微信的推送信息更换为团购信息。让客户填写反馈表，表格可以设计得更细致，多获取一些诸如希望什么时间收到微信，收到什么样优惠信息之类更具体的反馈。此外，商家还可以强调凭借团购信息的微信可享受与团购一样的商品价格，这样确立了微信的价值和含金量，提升了消费者关注商家微信的动力。

随着时代的发展，除了商家可以借助微信的力量来推广自己的团购活动以外，现在已经有越来越多大的团购平台也在借助微信推广自己。

12.1.5 依靠游戏吸引粉丝

微信的精准传播性使其与玩家的游戏互动效果很好，在微信上开展的游戏参与度远远高于其他渠道。而且以手机为主要载体的微信，在拍照、截图、语音互动等功能性上远超过其他媒体。

借助微信等工具，保险公司正力图通过游戏化的营销方式，让长期在老百姓心中认为条款晦涩难懂的保险产品变得更吸引人一些。2014 年 5 月 7 日，阳光保险集团的微信公众号推出了一款新产品 "摇钱术"。即通过摇动手机，获得理财高收益，截至 5 月 11 日 16 点 22 分，已有 11044 人参与了该计划。这款产品特别之处在于，每个人购买该产品获得的产品收益是不相同的，具体的收益是多少，需要客户通过手机"摇"出来。

高手指点	在微信游戏中植入娱乐内容，将是今后的一大趋势，特别是手机作为与用户接触最为密切的介质，其到达率比较高，互动性也会更好。

12.2 用 QQ 获取精准粉丝

现在 QQ 活跃用户的数量已经达到了 7 个亿，如今 QQ 就和手机一样，成了必要的联系方式之一，上至退休老人，下至小学生，都有自己的 QQ 号，这不仅成了一种时尚，也成了人们生活中必不可少的一部分。既然这么多人使用 QQ，完全可以通过 QQ 来获得微信的粉丝。

高手指点	QQ 账号与微信的打通，大大增加了用户转化便捷度。通过 QQ 邮件，好友邀请等方式都能批量实现 QQ 用户的导入。这个最简单的方式就可以大大地提升用户转化的效率。

成功利用 QQ 空间达到营销目的的营销案例要算小米发布的红米手机了。红米手机在 QQ 空间竞猜到预约的一周时间里，红米手机不仅引发业界热议，也吸引了广大消费者的眼球。短短 3 天，QQ 空间上预约资格码已被疯抢 500 万。这一切都证明 QQ 空间的营销能力。

QQ 空间的用户特点能有效地为小米实现精准营销。第一，QQ 空间用户的核心人群符合红米手机消费用户的定位，低价而不低端，张扬个性的一群少年，第二，QQ 空间覆盖的是中国大部分互联网民，主营销人群跟弱营销人群都在，可谓是一箭双雕。

12.2.1 装修 QQ 空间

QQ 空间装饰很重要，因为我们都是以第一印象来判定一件事物的，所以 QQ 空间给潜在客户的第一印象非常重要。把 QQ 空间装修成店铺不失为一个好的办法。

与小米的合作是 QQ 空间在社交营销方面的尝试，并不是出于变现的考虑。红米首发是通过小米空间在 QQ 空间的官方认证账号完成的。基于社交网络平台的整合营销是商业发展的趋势，知名品牌正在越来越多地使用社交网络与他们的消费者进行沟通，社会化电商也正变得炙手可热。用户停留在社交网站上的时间也会逐渐增加，好友间的分享让品牌商家获得二次、三次乃至更多的流量创造机会。小米手机 QQ 空间主页就装饰得很精美，只要你进入小米的 QQ 空间，就会发现其用赠品吸引你关注，如图 12-9 所示。

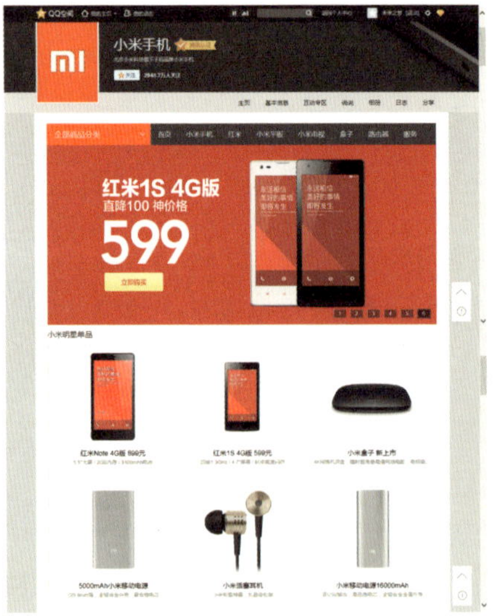

图 12-9 小米手机 QQ 空间吸引粉丝

12.2.2 QQ 空间认证

QQ 空间认证非常重要，QQ 空间开通了名人认证、企业网站认证和企业认证，这三种认证，自己根据自己情况开通认证的类型，取得认证除可提高潜在顾客对企业的信任之外，还有一个特别的好处，就是腾讯会首先推荐这些通过认证的 QQ 空间，一旦被腾讯推荐将为企业带来上百万的流量，带来成千上万的潜在顾客。

小米手机认证空间自开通 3 个月已有粉丝 500 多万，红米手机首发活动就带去 300 多万粉丝，截止到 2014 年粉丝达到 2948.7 万人。小米公司宣布红米手机在 QQ 空间独家首发后，QQ 空间红米手机预约页面开放的第一秒钟即有 5 万用户领取预约码，1 分钟即达 30 万，10 分钟后该数据上升到 60 万。在开放预约页面的半小时内，QQ 空间预约红米手机的用户数突破 100 万。

12.2.3 发 QQ 空间日志

当我们加了很多 QQ 好友以后，接下来要做的事情就是，真正做 QQ 空间营销了。为了获取更多的微信潜在顾客，我们就要发布一些对 QQ 好友有帮助的文章。写作之前首先要了解自己的产品及产品周边信息，比如行业前沿资讯、行业新鲜事和产品的技术革新等，从 QQ 好友喜欢的话题入手。以美容化妆品为例，好友们可能关心的是一些化妆技巧、最新产品的特点等，你在写这篇日志的时候，就不知不觉地将自己的产品置入其中，在软文中可以添加企业微信公众账号。

并非写了一篇转发量高的文章就万事大吉了，文章底部的细节处理才是关键。大家可以看到，这篇文章底部添加了“有人用微信聊天，有人却在微信中每天学习成长。以下是高端成功人士必备的微信公众号，你关注了吗？”，“欢迎订阅陈安之微信号：caz123456”，之后又附了一个微信二维码，那么通过这样一个小策略，引导用户关注这个微信。发 QQ 空间日志如图 12-10 所示。

图 12-10 发 QQ 空间日志

12.2.4 转载文章

转载那些都被大家转载几千次、几万次的文章，可以迅速提升 QQ 空间的人气，因为这些文章被很多人转载，就说明大家都很喜欢，内容的实用性很高，分享给我们的朋友也一定会得到他们的认可。

如果我们转发好友或者陌生人的空间文章，QQ 就会弹出提示告知用户有人在其空间有新的评论。很多人在查看自己空间动态后都会回访。只要我们把 QQ 空间里的内容做好，就能快速吸引他们的注意力，再在文章后面放上企业的微信二维码，自然就能吸引他们关注我们的微信账号了。

12.2.5 QQ 空间的朋友分享

QQ 空间日志除了转载功能外还有一个分享功能，这个功能也很强大，用户只需单击一下鼠标就可以把喜欢的文章分享给自己的 QQ 好友。一旦用户分享了我们的文章，那么他的 QQ 好友就会成为我们潜在的粉丝和传播者。这将使我们的文章继续传播下去，效果也将继续放大。QQ 空间分享如图 12-11 所示。

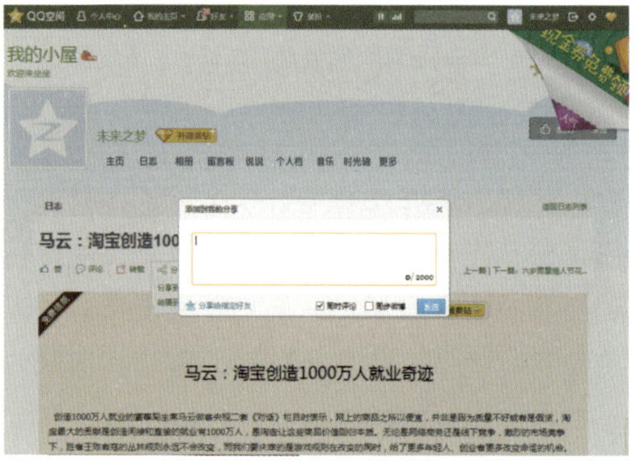

图 12-11 QQ 空间分享

12.2.6 QQ 群推广

QQ 群推广方法，说得通俗点就是做广告，把自己的产品、技术、服务等通过媒体广告的形式让更多人了解、接受，从而达到宣传、普及的目的。

在 QQ 群中搜索与你企业相关的目标群，目标群应是对你的内容及公司感兴趣的群。在这里切记一点：不要乱加群。你如果是做女装的，就不要加什么广告群或食品群。只有找到对你感兴趣的目标客户，你才能真正成功。

> **高手指点** 要善用群名和群公告，因为这两处都是群内成员进群后最先看到的地方。当然，这个只有在你是群主或是管理员的时候才能利用。所以强烈建议大家多创建群，多多担任各群管理员。

把 QQ 空间里的粉丝转化成微信好友很简单。只要在 QQ 空间的每一篇文章的后面放上企业的微信二维码，在企业的空间相册里放上二维码，再加上赠品引导邀请好友加关注，就能利用 QQ 空间获得大量的微信粉丝。

12.3 “扫一扫”——人尽皆知的营销法宝

自从微信诞生之后，“扫一扫”便成了功能强大的方式之一，只要有二维码的地方，用户只要轻松地在上面扫一扫，就可以获得相关内容。而它也成为了企业进行移动互联网营销的杀手锏。

12.3.1 二维码营销成商家最爱

二维码是一种信息的表现形式，用某种特定的几何图形按一定规律在平面（二维方向上）分布的黑白相间的图形记录数据符号信息。

使用微信“扫一扫”二维码功能，用户可以快速添加微信好友、关注公众账号，具体操作步骤如下。

（1）登录微信后，切换至“发现”选项卡，单击“扫一扫”按钮即可进入扫描界面，如图 12-12 所示。

（2）将储存微信账号信息的二维码图案放到取景框内，即可自动扫描，如图 12-13 所示。

图 12-12 “发现”选项卡

图 12-13 扫描二维码

（3）扫描成功后进入到账号信息界面，单击“关注”按钮即可完成微信账号的添加，如图 12–14 所示。

（4）微信用户都可以制作个人账户的微信二维码，单击自己的头像，进入个人信息设置界面，如图 12–15 所示。

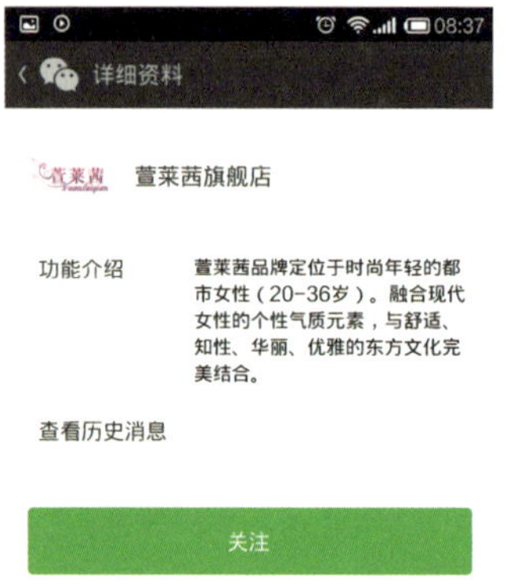

图 12–14 完成微信账号的添加

图 12–15 个人信息设置界面

（5）进入“二维码名片”，即可生成带有个人信息的二维码图案，如图 12–16 所示。单击右上角的⋮按钮，可以选择将二维码名片分享或存储，如图 12–17 所示。

图 12–16 生成二维码

图 12–17 将二维码名片分享或存储

很多大型商场、酒店、餐馆都在使用二维码，经常借助微信搞促销活动，例如，添加商家微信，就能享受一款半价菜，获得小赠品，购物折上折等优惠，很多年轻人都趋之若鹜。扫一扫二维码有豪礼如图 12–18 所示。

图 12–18 扫一扫二维码有豪礼

12.3.2 “扫一扫”封面

“扫一扫”封面指的是在微信中通过扫描书本的封面、条形码，书本在电商大卖场上的售卖价格及打折信息都会随即出现在手机上。除了扫描书的封面，还可以扫描 CD、电影海报之类的，实用性非常强。

（1）登录微信后切换至“发现”选项卡，单击“扫一扫”按钮，在底部出现“二维码”、“封面”、“街景”和“翻译”4 个选项，如图 12–19 所示。

（2）单击“封面”按钮，进入到扫描封面界面，将需要扫描的书籍或 CD 等物品放到取景框内，即可自动扫描并搜索，如图 12–20 所示。

图 12–19 扫一扫

图 12–20 扫描封面

（3）扫描成功后进入到商品信息界面，自动显示了亚马逊等网店的购买价格和链接，如图 12-21 所示。

图 12-21 商品信息界面

12.3.3 “扫一扫”街景

街景扫描，在微信 5.0 里面，只要点扫一扫街景，随手扫描一栋楼，微信就能迅速地基于定位，然后出现事先已经通过设备采集好的街景图片。“街景”功能集成了腾讯 SOSO 地图，通过这一功能可以查看附近街景，搜索地址和附近店铺。使用的时候首先需要在设置里打开微信的定位功能。

（1）登录微信后切换至“发现”选项卡，单击“扫一扫”按钮，出现“二维码”、“封面”、“街景”和“翻译”4 个选项，如图 12-22 所示。

（2）轻点“街景”按钮，即可进入到街景模式，屏幕显示附近的街景，通过旋转镜头调整方向，单击箭头模拟行走，如图 12-23 所示。

图 12-22 扫一扫

图 12-23 扫描街景

（3）发现喜欢的店铺或者到达指定地点后，还可以通过单击右上角的“分享”按钮，将图片分享给微信好友、朋友圈、腾讯微博、发送邮件、自己收藏等，如图 12–24 所示。

图 12–24　分享

12.4　轻松搞定微信朋友圈获取粉丝

微信现在成了越来越多用户的喜欢，使用微信的朋友也越来越多，在微信里有一个功能，就是微信朋友圈，可以在这里发布图片和文字，同时也可以看到好友发布的消息和图片。

12.4.1　朋友圈怎么发布消息

几张漂亮的照片、几句简单的文字，都可以形象直观地表达用户的经历和情感。虽然微博可以发布文字和图像信息，但是朋友圈更侧重的是熟人的关系，主要在熟人间进行互动。其他用户甚至不能看到非好友的回复，增强了信息传递的准确性和私密性。

（1）登录微信后切换至“发现”选项卡，单击“朋友圈”按钮，如图 12–25 所示。

图 12–25　进入“朋友圈”界面

（2）在朋友圈界面轻触上部区域更换主题照片，可以从手机相册中选取临时拍摄，或者选择微信推荐的摄影师作品，如图 12-26 和图 12-27 所示。

图 12-26 更换相册封面照片

图 12-27 选择摄影师作品

微信网页版与手机微信是同步更新的，所以不要以为使用微信网页版就不会产生流量了，是同样需要流量的。所以在使用微信网页版的时候，尽量保证手机连接Wifi。

12.4.2　朋友圈增强信任的技巧

目前微信朋友圈有海外代购、地方特产、护肤品、服装等各种买卖交易。在微信做朋友的生意是一种新的电商“朋友销售模式”。有些人在朋友圈营销，获取了极大的收益，也交到了更多的朋友。在朋友圈增强信任需要哪些技巧呢?

（1）要别人对你印象深刻，可以主动出现在别人的面前。首先可以主动去赞和评论微信的朋友圈动态。有时间可以去打招呼，发一些有意思，容易让人记住的话。

（2）每天筛选 20 个朋友用心阅读并回复相应的话题。

（3）要让别人关注自己，一定要让别人觉得自己的存在跟对方有关系，让对方有存在感。在微信朋友圈发动态的时候可以多发一些互动性的动态，多问问朋友问题，发一些跟朋友有关的话题。

（4）在讨论中挖掘朋友的需求，并主动为大家提供解决方法的参考内容。

（5）把最真实的一面呈现给大家，在微信上，尤其是你的个人微信，尽可能展现你的最真实的一面给你的朋友。为什么鬼脚七这么多人关注他，其中很关键的一点就是，他所写的文章有一大部分都是他自己的真实故事和生活感悟，让人感觉很亲切。所以我们在微信上要多分享一些自己的生活点滴，个人喜好，越真实越好。当你的朋友圈好友知道他背后的一个人事，对你慢慢的产生了兴趣和信任后，一切就变得简单。

（6）真心地对待你的每位新朋友，多与他们交流。人家找你沟通，你再忙都要回复人家，不管是评论还是留言，都要做到不遗落，让人感觉他的存在性和对他的尊重。

其次，加了之后，没有交流的朋友，不算是有价值的朋友，凡是愿意和你交流、沟通的，都有机会成为你的好朋友，有机会和你合作。

（7）定期分享干货，让他们觉得关注你觉得有价值。每个人都有自己专业的一面，也就是你的专长。你既然想通过微信打造你的个人品牌，打造你的粉丝圈，你就要在某个方面有一定的特长或优点。最好定期与他们分享你的观点和干货。

12.4.3 朋友圈内容发布的技巧

在微信的朋友圈里，基本都是熟人或有一些接触的人，大多半熟不熟的，这些人可以是你的潜在客户，也可以是你潜在客户的引荐者。但是，如果你天天向他们展示产品，必然引起反感。朋友圈营销法则：内容是一切的根本。

（1）与企业“核心产品”有关的话题。微信朋友圈营销的重中之重就是“品牌产品的塑造”，品牌产品的专业展示是营销的基础，所以每天发一条“专业知识”。要注意的细节是，尽量把内容做成“连续性”的，吸引粉丝再次关注。

（2）分享客户现场体验的评价。

（3）偶尔分享与自己生活有关的话题，比如吃喝玩乐等。可以适当“装可怜”，以博得好友的同情，有了同情就减少了距离。比如“今天穿高跟鞋走了一天的路，脚都起泡了”。

（4）要懂得加入一点惊喜，适当的可以要求转发。

（5）分享内容要做到“图文并茂”，图片必须符合文字的内容。

（6）链接分享必须要加上自己的引导式总结内容。

（7）字数注意。如果字数太多，朋友圈动态就只会显示一条，然后剩下的隐藏起来了。要想让顾客能完整的读完自己的动态，理解动态的含义，最好是能让动态全部显示出来。要实现让顾客觉得你的内容不错，或者引起共鸣，那么字数也不能太少，建议80～110字。

（8）表情。如果顾客的朋友多，那么每天的朋友圈动态可能比较多，那么怎样才能吸引顾客的眼球，看到并注意自己的动态呢？表情就能解决这个问题，因为表情可以让文字更生动化、色彩化。

12.4.4 朋友圈分享推送的技巧

虽然朋友圈没有转发，但是依旧可以复制分享，引导用户分享产品并给予优惠，是很好的传播方法。

（1）分享话题最好的时间是晚上 20:00 ~ 00:00，抓住朋友最多的碎片时间。

（2）链接分享最好的时间晚上 00:00 之后，第二天微友朋友圈绝大部分的内容都是你的。

（3）客户案例与故事一定要分享，才能够在第一时间借力客户形成营销裂变。

（4）尽管朋友圈的信息不会直接推送用户形成打扰，但我们同样不建议用刷屏的形式进行推广，每天发布的条数可以控制在 5 条左右，每隔一段时间发布，让他们在看朋友圈的时候，都偶尔会看到，然后吸引他们点进来看你的全部消息。

（5）切勿刷屏：这里所讲的刷频是只发一种形式的微信，如发布产品的微信，只有衣服图片、尺码和颜色介绍。在 10 分钟内连发多条微信，建议一小时内不要超过两条微信，并且要发不同形式的微信内容。

12.4.5 朋友圈植入广告的方法

在朋友圈能积极努力去做营销固然很好，但是一定要有一个度，千万不要影响了用户体验。下面介绍一些常用的广告植入方法。

1. 自己试用

一个产品好与坏，第一说服力就是卖的人自己是否使用，为了打消客户的某些顾虑，可以上传自己试用的照片和体会，也能让好友感觉更亲切，如图 12-28 所示。

2. 客户评价

自己宣传的转化率会比较低，要是有第三个人说你的产品好，往往更容易得到用户的认可。比如客户对产品的评论、聊天记录等。客户评价如图 12-29 所示。

图 12-28 自己试用

图 12-29 客户评价

3. 工作包裹照片

要证明你推荐的产品好，销量大也是重要的证明方法之一，要体现出销量好，可以从工作入手，比如大量包裹单、同事合影等，如图 12-30 所示。

图 12-30 工作包裹照片

4. 活动

比如抽奖、赞就送、折扣等活动，用折扣或者优惠来吸引眼光。

5. 品牌文章分享

一个产品要有说服力，品牌形象一定要做好，所以适当的宣传品牌还是有必要的，尤其是对于要打造新品牌的朋友来说。

6. 产品介绍

直接对一个产品进行描述，虽然看起来相对来说广告比较“硬”，效果可能差一些，但是对于一些需要展示的产品来说，也是必不可少的。例如，被子、十字绣和衣服，都是需要看图片的。

12.4.6 朋友圈的营销策略

1. 个人品牌

做销售，首先要把自己推销出去。所以你的微信不能只发产品的宣传内容，还要分享你的个人生活、生活感悟等内容。分享的东西必须是正面的、积极的、正能量的，以便塑造你的个人品牌。

2. 情感策略

大家知道了你是怎样的一个人，对你产生了好感，你就可以很好地进行一些产品的推销，要慢慢地、循序渐进地发，不要一天发很多产品的宣传内容，这样很容易让人家反感。

3. 分享技术

当朋友购买你的产品之后，你要第一时间分享出去，让人家看到原来有这么多人购买，并且还有一个不错的购物体验，购买后和收到货后都要分享出去。分享的时候一定要把订单信息、对话内容截图放上去，显得更真实，这是一个刺激其他朋友购买的有效方式。

4. 互动环节

在朋友圈里，你要让朋友圈好友知道你的存在，如果你的好友发了一些不错的内容或者信息，你要给予评论，如果不知道评论什么至少也要点一个赞。如果你经常和他人互动，对方自然会对你产生好感，这是非常重要的举动。

5. 强推技术

这个是要根据不同的朋友而定，一般是比较好的朋友，以开玩笑的方式进行销售，这个一定要掌握好一个度，不要太强求，适可而止。

6. 学会感恩

不管是哪个朋友买了，买了多少，你都要感谢人家，也许不是因为你的产品好，而是认可你的人，所以你要知道，他的这次购买，我们是欠他们一个人情，记得哪天你要偿还。一个懂得感恩的人，才能得到他人的尊重和持续的帮助。

12.5 动手摇一摇，摇来金钱

微信摇一摇是指腾讯公司推出的微信内的一个随机交友应用，通过摇手机或点击按钮模拟摇一摇，可以匹配到同一时段触发该功能的微信用户，从而增加用户间的互动和微信黏度。微信大屏摇一摇活动操作简单，一部手机一个应用，趣味性高，市民的参与积极，影响范围大，活动效果显著。

很多朋友使用微信喜欢玩摇一摇，能够和身边的人进行交流，但是彼此又不认识，是不是很有趣呢?

（1）启动微信，切换至“发现”选项卡，单击“摇一摇”按钮，如图 12-31 所示。

（2）打开“摇一摇”界面，如图 12-32 所示，拿好手机摇一摇。

图 12-31 单击“摇一摇”按钮

图 12-32 “摇一摇”界面

（3）此时，如果有人正在使用

“摇一摇”，即可显示正在摇一摇的人，如图 12–33 所示。

（4）单击摇到的人列表，即可显示摇到的人的详细资料，单击“打招呼”按钮，如图 12–34 所示。

（5）打开打招呼界面，如图 12–35 所示，输入想要说的话，单击“发送”按钮即可发送。

图 12–33　摇一摇

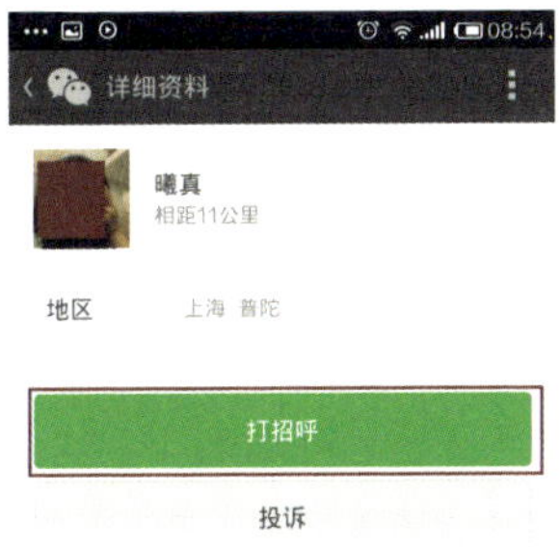

图 12–34　单击“打招呼”按钮

图 12–35　打招呼

微信摇一摇可连通微信公众平台和个人微信，集中在人气旺盛的核心商圈广场，能迅速吸引市民前来参加，让参与者在活动中了解到推广信息。另外，通过这一活动迅速增加微信粉丝，收集用户信息，为意向客户提供优质的服务。

百脑汇微信摇一摇，最高可免单 1000 元，如图 12–36 所示。

图 12–36　微信“摇一摇”

活动内容：

（1）消费者凭当日购物凭证，即有机会赢得免单大礼。

（2）关注百脑汇官方微信，现场参与摇一摇活动，凭购物凭证和实物就可以享受免单。

（3）摇中即可至百脑汇合肥店二楼会员中心现场办理，如退货，则归还免单金额。

活动时间：2014 年 9 月每周六日下午 16:00

活动地点：百脑汇合肥店一楼西门外广场

12.6 微信漂流瓶

随着网络的发展，各种网络版的漂流瓶也日益增多。一般这种网络漂流瓶发出后，由网络自动分配，不定收件人，双方是完全陌生的，更容易吐露心声，这也是网络漂流瓶的一大特色。自从微信推出漂流瓶功能，深受微信用户推崇。

微信漂流瓶是一款非常实用的功能，我们可以在微信中发送自己的瓶子也可以捞取别人向海里扔出的瓶子，然后通过微信漂流瓶应用，我们可以非常方便的进行交友之类的社交。

（1）启动微信，切换至“发现”选项卡，单击“漂流瓶”按钮，如图 12-37 所示。

（2）打开如图 12-38 所示的页面，单击底部的“扔一个”按钮。

图 12-37 单击“漂流瓶”按钮

图 12-38 单击“扔一个”按钮

（3）单击底部左侧的按钮，在界面中输入想要发送的文字，单击“扔出去”按钮，如图 12-39 所示。

（4）单击图 12-38 中界面底部的“我的瓶子”打开如图 12-40 所示的界面。

（5）单击其中的一个瓶子，就查看到回复的信息了，如图 12-41 所示。

图 12-39 扔出去瓶子

图 12-40 我的瓶子

图 12-41 漂流瓶收到的信息

12.7 巧妙点赞、评论

“亲，帮忙点个赞吧，我要参加集赞送礼品活动。”“只要转发本条内容至您的微信朋友圈，并关注本公众账号，累积获得 XX 个赞起，即可获得本公司送出的免费 iPad。”近日，微信朋友圈集赞活动盛行，不少商家透过微信公众号进行点“赞”送礼活动，送礼方式各样，集满规定的“赞”数便可获得免费领取化妆品、优惠券、小饰品等礼包，更有“点赞”送免费旅游的。如图 12-42 所示集赞送礼品活动。

图 12-42 集赞送礼品活动

现在也有很多商家专门发起微信点赞活动，以此来增加人气营销产品，当你将商家的产品内容分享或转到微信朋友圈时，你的好友看到了也会为你分享的文章点个赞，这样微信集赞到一定数量后将微信点赞截图给商家看，条件满足活动要求后商家会赠送奖品或给你一定的优惠。

微信集赞是一个新的微信营销的方式，在没有众多的好友资源的情况下，微信集赞这个活动可以让更多陌生人参与到其中，也能够让越来越多的人知道这个活动，甚至知道自己的品牌，从而达到推广的目的。

那么怎么通过微信集赞来推广自己的销售的商品或者一个广告活动呢?

首先，标题要吸引人。好友把活动分享到好友圈的时候只有简单的几行字，当然活动的标题也只有那么一点点，标题一定要简短而且要紧扣主题，让大家看了之后一目了然，这样的目的是为了让大家知道你这个是一个集赞的活动，集到赞是有奖励的。

其次就是奖品了。奖品要吸引人，你的奖品值不值得大家去花时间花经历去收集那么多的赞。

微信集赞这个功能已经被那些走在潮流前端的商家所利用，也渐渐的成为了微信新营销的一种方式。

12.8 其他粉丝激增的秘诀

现在越来越多的朋友做起了微信营销创业，打开朋友圈会看见有一些产品的图片信息，确实有不少物品确实很让人心动。但是产品再好，如果关注的人数有限，那么再好的产品也不会有好的销量。在微信营销当中，粉丝数量可以说是决定微信营销是否成功的关键。

12.8.1 微博快速增加粉丝有诀窍

随着互联网的发展，越来越多的人开始使用微博，也有越来越多的人希望自己的微博账号能拥有更多粉丝，更多粉丝就意味着微博拥有更多的关注着，提升自己微博的价值。怎样通过微博获取粉丝呢?

1. 注册微博账号

注册一个微博账号，并且完成相应的信息填写，注意尤其需要上传照片，如图 12-43 所示。

图 12-43 新浪微博

2. 在微博中添加二维码

如果你在微博当中分享的内容，能吸引他的兴趣，最好是一篇长微博文章，后面添加企业微信公众账号二维码，以吸引潜在的顾客关注，就可达到预期的效果，如图 12-44 所示，在微博中添加二维码。

3. 通过互粉吧获得粉丝

在百度中搜索“互粉吧”，并找到互粉的帖子，如图 12-45 所示。关注有意互粉的人，并评论让他们记得回粉，这样你就可以增加粉丝了，自己也可以留言，要求互粉。你也可以在互粉吧中发帖子，并添加自己的微信二维码，这样互粉概率更高。

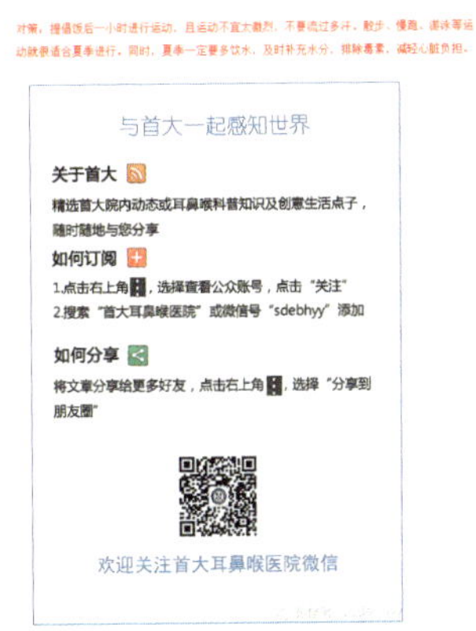

图 12-44 在微博中添加二维码

图 12-45 互粉吧

4. 通过微群找微信目标客户

在微博上，有着共同的特点或者话题的用户聚到一起就形成了微群。如果这些用户讨论的话题刚好跟你的产品或服务相关，那么这些用户就是你的潜在客户。比如某个微群主要是谈论“女装”这个话题的，而你的企业目标客户恰好就是年轻的女性朋友，此时你就可以通过在微群当中分享她们感兴趣的内容，吸引这一群人关注公众账号。

12.8.2 通过网站获取粉丝的方法

我们多年来在网上做的一切推广，包括投放的媒体广告、公司的宣传册和名片最终带来的一切客户资源都会集中到企业的网站上，所以企业一定不要忽视企业官方网站带来的目标客户的价值。

现在有了微信这个客户数据库管理工具，企业就能把大量的潜在顾客锁住在微信当中，从而增加了企业向潜在顾客销售产品的机会。也就是说，通过微信企业能把大量的访问顾客真正的转化成付费顾客，从而快速增加企业的利润。

要想利用网站获取大量的用户关注，需要先给顾客一个强烈的、关注你的理由。这个理由可以是享受会员卡的优惠、也可以是赠品。如图 12-46 所示在网站首页添加了微信二维码推广，单击二维码可以看到有优惠新惊喜。

图 12-46 在网站添加了微信二维码推广

图 12-47 优惠新惊喜

12.8.3 视频推广法获取粉丝

网络视频营销说的是企业将各种视频短片放到互联网上，以达到一定宣传目的的营销手段。将视频上传到优酷，把关键词嵌入标题和视频描述，把引导客户去关注微信公众账号的信息放到视频介绍那里。

> **高手指点**
>
> 这种方式相对来说对于一些专业知识性较强的视频比较有好处，在视频中放入微信二维码可以让想学习这种知识的人找到你。这是一种非常好的推广方式。

12.8.4 百度文库、百度经验获取粉丝

作为国内市场份额排名第一的搜索引擎，百度每日的流量非常大。百度文库和百度经验是可以获取大量粉丝，前提是要熟悉客户搜索的关键词，然后在做标题的时候讲关键词合理布局，在文章中植入二维码或者公众账号号码，引导潜在客户区关注。

> **高手指点**
>
> 百度文库推广需要注意的是将标题伪装成实用性的内容，并把产品关键词放入，同时文档需要 3 ~ 10 页，有内容才能打消客户的顾虑，图文并茂且为 PDF 格式。百度经验则要求与文库相似，在百度经验提交时，可以留下联系方式和参考链接来推广自己的微信公众账号。

1. 百度文库获得目标粉丝

我们先来看看如何通过百度文库获得目标粉丝。要从百度文库获得目标粉丝，必须先向百度文库中上传有价值的内容，然后将微信公众账号相关的信息嵌入到内容中，从而引发百度用户的关注。

打开 http://wenku.baidu.com/，即可打开“百度文库”首页。从上述图片当中可以看到，百度文库中的文件，如图 12-48 所示。

在百度文库首页的右上角有一个“上传我的文档”按钮，单击之后即会出现如图 12-49 所示页面，然后选择要上传的文档。

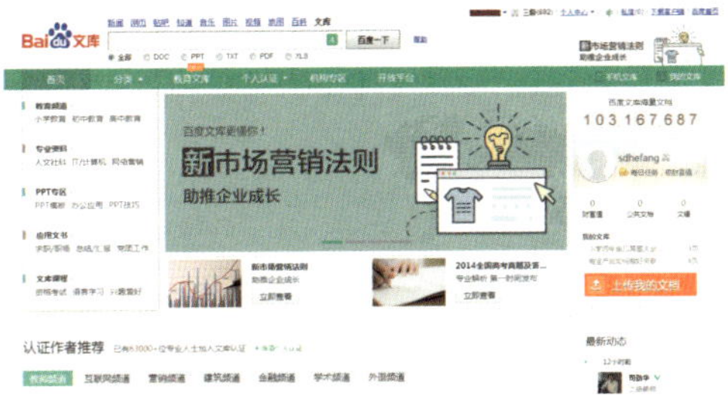

图 12-48　百度文库

图 12-49　上传文档

2. 如何通过百度经验获取目标粉丝

百度经验是百度于 2010 年 10 月推出的一款生活知识系新产品。它主要解决用户“具体怎样做”这个实际问题。在架构上，整合了百度知道的问题和百度百科的格式标准。如图 12-50 所示。

图 12-50　百度经验

把自己的头像换成微信二维码后，潜在的顾客就可以通过扫描微信二维码找到我们，这是做百度经验最重要的一条，这决定了我们利用百度经验获得微信用户能否成功的关键点。

12.8.5 软文推广获取粉丝

与硬广告相比，软文之所以叫软文，精妙之处就在于一个“软”字，好似绵里藏针，收而不露，克敌于无形。软文是最好的推广方法，软文的质量高还有人会转载，把软文内的二维码也转载出去，这样就会给你微信又添加一个推广方法。但是只有吸引人的文章才会带来点击量，点击量大搜索引擎才会认为你的文章关注度高，权重才会随之提高。

1. 软文的标题是关键

标题是整个文章的眼睛，也是文章的精华聚集，更是吸引网民的重要的引点。标题是否有吸引力，也是软文推广成功与否的一个关键因素。具有穿透力的标题，是让网民记住网站和产品的关键所在。只要能深深的吸引住他，那软文也就成功了一半。

2. 写软文一定质量好而且一定要“软”

写软文毕竟和普通的文章不同，也和纯粹的广告不同，毕竟软文是要含有广告的性质，但是又不能过度，所以这个“度”确实是很难把握的。

3. 软文要有创新

创新也是符合搜索引擎习惯的重要部分，搜索引擎喜欢原创的东西，它一般收回收录进去，所以要尽量原创。一篇好的软文要有创新的东西在里边。

4. 要持之以恒

软文的投放要持之以恒才能达到一个良好的效果，切勿三天打渔两天晒网。企业在制定营销计划的时候，在软文推广上一定要有系统的营销策略，根据时事的变换而有针对性的营销策划。

5. 微信二维码

结合文章的内容，用经验分享的方式把企业的微信二维码放到文章中，让粉丝读完文章以后，有一种一定要加微信公众账号的冲动。

12.9 玩转微信群，培养好友忠实度

如今，每个拥有微信的人都会自然而然地拥有一个属于自己的朋友圈，这个天然形成的圈子更多地是生活圈，而非社交圈。微信群的信息量、影响力及活跃程度都远超于微信其他各大板块。尤其是对于商业界和媒体界的朋友们，现实的社交圈子已经被完全复制到了微信群中。

12.9.1 微信群成营销新利器

在建立微信群时，首先一定要找出一个共同的主题，这个主题是你的目标人群所喜欢的，然后围绕这个主题，不断对群中的好友，进行分享，互动，然后再通过这个群本身的介绍，不断增加人群的数量，在这个时候，我们进行一些有价值的分享和产品推荐就会非常容易。所以，微信群的运营最大的问题就是不能急功近利，一定要有价值分享，不断选出一群有共同爱好和偏好的人群，这是运营的关键，这个群就会逐渐长大起来。当然要运作好微信群必须要掌握新营销的方法和工具，这个非常关键。

（1）内容运营，针对群的定位每天发布固定内容 1–5 条，以微信打折购物群为例：每天发布 3 条，内容以特价商品为主。

（2）微信群活动运营，每天可找热点话题讨论，利用语音回复，收集到的内容整理编辑进行二次播放。可定期开展讲笑话、猜谜语、智力问答等小游戏。可配合官方活动同步开展微信活动。

（3）微信群会员运营，积极与群内活跃成员沟通，使其帮你一起发布内容，带动其他会员参与，设立类似群主的职位，让其在你不在的情况下帮忙维持区内秩序。

（4）微信群矩阵，建立多个微信群和公共账号，互相推广，使粉丝利用最大化。

（5）如是自己主动加群的，加入群后，迅速修改昵称，最好改成自己的名字，这是一个非常重要的好习惯。例如修改成“名字 – 店铺名”，这样别人在第一时间，就可以找到你，看信息也一目了然。

（6）推荐微信名片。推荐别人的微信号，最好直接推荐微信名片，尽量少发截图。因为截图里的微信号还需要再次搜索，添加关注。同样，推荐别人的文章，最好直接转发文章链接，少发截图，因为截图信息无法搜索。链接打开，可以直接点击文章标题下面的蓝色字体关注微信公号。

（7）还可以拉人组建群，对于那些不是精准的客户，可以利用他们的资源，可以互换群。那些不确定的用户和精准用户，可以单独建群，让他们拉人进来，你就分享和赠送些他们需要的东西。或者从其他群获取东西分享给他们。

12.9.2 如何推广微信群

怎样推广微信群呢?

（1）通过微信公共账号向微信群导入。因为微信公共账号目前比较火爆，建立一个与微信群主题相关的公共账号，名字起的吸引人点，每天就会有不少的人关注公共账号，公共平台每天需要一定的时间进行内容维护和推送，在推送的内容中添加微信群的信息，这样就会有一定量的人会主动扫二维码或添加群主微信好友申请进群。

（2）多平台推广。通过群发或私聊方式发送二维码，邀请入群。比如在微博推广，可在微群，微吧的相应版块发布对应的文章后加上二维码。

（3）通过腾讯邮箱群发邮件的方式添加好友，并邀请入群。目前腾讯邮箱有一个功能，可以在给同为腾讯邮箱的用户发送完邮件后，邀请其成为微信好友。然后拉进微信群中。

（4）利用自身朋友圈资源进行推广，让好友帮助进行宣传拉人。

（5）广告合作，通过互换广告位的方式，在其他网站发布群二维码，进行推广。

第13章 让买家快速下单的秘诀

买家是网店的服务对象，网店想要有人气、有销量，就必须要吸引买家，得到买家的关注，当然光是吸引买家、得到关注还不够，还必须才采取行动刺激买家下单。让买家被店铺吸引，且主动快速下单是很多商家的梦醒，也是商家每天都在努力的目标。从营销角度出发，我们应该要去想办法让买家减少思考的时间，让他们能够更快地做出决定。

13.1 买家下单达成交易的必要条件

买家对商家的商品虽然有着浓厚的兴趣，但是如果要想达成交易，还应该具备以下几点条件。

1. 买家必须对商品有所了解

买家一般不会在自己还不了解商品时就成交，这也是决定进入成交阶段的基础。如果买家还没有充分了解产品，他自然会毫不客气地拒绝成交建议。

2. 买家的信任

买家的信任，也是达成交易必不可少的一个条件。没有这种信任的态度，不管你的商品多么吸引人，买家都会对达成交易产生动摇。因为买家考虑更多的是购买的商品使用后的效果，如果不能给买家一个可靠的信誉保证，买家是不会轻易购买的。

3. 要在适当的时机促使买家做出购买决定

“急于求成”反而会“欲速则不达”，与买家达成交易要等待适当的时机。每一次的洽谈也有高潮和低潮之分，如果没有能够在这个高潮中与买家达成交易，那就应该争取在下一个高潮中尽量与买家达成交易。但不要为了达成交易而做出太大的让步，这样反而更容易引起买家的怀疑，从而最终影响到销售的成功。

4. 排除异议

买家异议表现在多方面，如价格异议、功能异议、服务异议、购买时机异议等。有效地排除买家异议是达成交易的必要条件，一个有经验的商家面对买家争议，既要采取不蔑视、不回避、注意倾听的态度，又要灵活运用有利于排除买家异议的各种技巧。

5. 你必须对买家的情况有所了解

买家感兴趣的是什么？他会提出什么样的反对意见？买家为什么会做出这样的购买决定？了解清楚这一切，然后针对买家的情况寻求相应的对策，尽快帮助买家做出购买决定。

13.2 分析买家的购买动机

如果商家经销的商品能满足买家的需求，成交的几率就会大增。要想使销售量大增，还必须要将买家的心理摸透，这样才能“对症下药”。从购买动机表现来看，可以将消费者的购买动机归纳为两大类：理智动机和感情动机。

1. 理智动机

（1）实用

实用即求实心理，是理智动机的基本点，即立足于商品的最基本效用。消费者在选购商品时不过分强调商品的美观悦目，而以朴实耐用为主，在实用动机的驱使下，买家偏重产品的技术性能，而对其外观、价格、品牌等的考虑则在其次。如图 13-1 所示的实用的收纳盒。

图 13-1　实用的收纳盒

（2）经济

经济即求廉心理，在其他条件大体相同的情况下，价格往往成为左右买家取舍某种商品的关键因素。折扣券、拍卖之所以能牵动千万人的心，就是因为“求廉”心理。10 元包邮的经济台湾超人气面膜如图 13-2 所示。

图 13-2 10 元包邮

（3）可靠

买家总是希望商品在规定的时间内能正常发挥其使用价值，可靠实质上是“经济”的延伸。名牌商品在激烈的市场竞争中具有优势，就是因为具有上乘的质量。所以，具有远见的商家总是在保证质量前提下打开产品销路。

（4）安全

随着科学知识的普及，经济条件的改善，买家对自我保护和环境保护意识增强，对产品安全性的考虑越来越多地成为买家选购某一商品的动机。“绿色产品”具有十分广阔的前景就是适合这一购买动机来促进销售。

（5）美感

爱美之心人皆有之，美感性能也是产品的使用价值之一。消费者在选购商品时不以使用价值为宗旨，而是注重商品的品格和个性，强调商品的艺术美。

（6）使用方便

省力省事无疑是人们的一种自然需求。商品尤其是技术复杂的商品，使用快捷方便，将会更多地受到消费者的青睐。带遥控的电视机，只需按一下的“傻瓜”照相机以及许多使用方便的商品走俏市场，正是迎合了消费者的这一购买动机。

（7）售后服务

产品质量好，是一个整体形象。有无良好的售后服务往往成为左右买家购买行为的砝码。为此，提供详尽的说明书，进行指导，及时提供免费维修，实行产品质量保险等都成为商家争夺买家的手段。

2. 感情动机

感情动机不能简单地理解感情动机为不理智动机。它主要是由社会的和心理的因素产生的购买意愿和冲动。感情动机很难有一个客观的标准，但大体上是来自于下述心理。

（1）好奇心理

所谓好奇心理，是对新奇事物和现象产生注意和爱好的心理倾向，或称之为好奇心。古今中外的消费者，在好奇心理的驱使下，大多喜欢新的消费品，寻求商品新的质量、新的功能、新的花样、新的款式。如图 13–3 所示，新的商品“乐视超级电视 60 英寸 3D 网络平板液晶安卓四核带 wifi”满足了买家的好奇心理。

图 13–3 新的商品满足了买家的好奇心理

（2）求新心理

有的消费者在选购商品时尤其重视商品的款式和眼下的流行样式，追逐新潮。对于商品是否经久耐用，价格是否合理则不大考虑。

（3）炫耀心理

消费者在选购商品时，特别重视商品的威望和象征意义。商品要名贵，牌子要响亮，以此来显示自己地位的特殊，或炫耀自己的能力非凡。这多见于功成名就、收入丰盛的高收入阶层，也见于其他收入阶层中的少数人。他们是消费者中的尖端消费群。购买倾向于高档化、名贵化、复古化，几十万乃至上百万美元的轿车，上万美元的手表等的生产正迎合了这一心理。

（4）攀比心理

消费者在选购商品时，不是由于急需或必要，而是仅凭感情的冲动，存在着偶然性的因素，总想比别人强，要超过别人，以求得心理上的满足。人家有了大屏幕彩色电视机、摄像机、金首饰，自家没有，就不管是否需要，是否划算，也要购买。

（5）从众心理

女性在购物时最容易受别人的影响，例如许多人正在抢购某种商品，她们也极可能加入抢购者的行列，或者平常就特别留心观察他人的穿着打扮，别人说好的，她很可能就下定决心购买，别人若说不好，则她很可能就放弃。

（6）尊重心理

买家是商家的争夺对象，理应被商家奉为“上帝”。如果服务质量差，即使产品本身质量好，买家往往也会弃之不顾，因为谁也不愿花钱买气受。因此，应该真诚地尊重买家的经济权力，有时尽管商品价格高一点，或者质量有不尽如意之处，买家感到盛情难却，也乐于购买，甚至产生再光顾的动机。

仔细分析买家的心理需求，察觉到买家想要什么，然后投其所好，便能大大激发买家的购买欲望。

13.3 处处为买家着想，用诚心打动买家

礼貌对客，让买家真正感受到“上帝”的尊重。买家询问先来一句：“欢迎光临，请多多关照”或者“欢迎光临，请问有什么可以帮忙吗”，诚心致意，会让人有一种亲切感。并且可以先培养一下感情，这样买家心里抵抗力就会减弱或消失。

有时买家只是随便到店里看看，我们也要诚心的感谢人家说声："感谢光临本店"。对于彬彬有礼，礼貌非凡的店主，谁都不会把他拒之门外的。诚心致谢是一种心理投资，不需要很大代价，可以收到非常好的效果。

让买家满意，重要一点体现在真正为买家着想。处处站在对方的立场，把自己变成一个买家助手。在网络购物不同的是，买家还要另外多付一份邮费。商家就要尽量为对方争取到最低运费，买家在购买时，可以帮助买家所购的商品化整为零，建议买家多样化采购即节省运费。以诚感人，以心引导人，这是较成功的引导顾客的方法。

13.4 多虚心请教、多听听买家声音

当买家上门的时候，我们并不能马上判断买家需求什么商品。所以需要先问清楚买家的意图，需要具体什么样的商品，是送人还是自用，是送给什么样的人等。了解清楚买家的情况，才能仔细对买家定位，了解买家属于哪一类消费者。比如学生、白领等。尽量了解买家的需求与期待，努力做到只介绍对的不介绍贵的商品给买家。

当买家表现出犹豫不决或者不明白的时候，我们也应该先问清楚买家困惑的原因是什么，是哪个问题不清楚。如果买家表述也不清楚，我们可以把自己的理解告诉买家，问问是不是理解对了，然后针对买家的疑惑给予解答。

13.5 使用礼貌的沟通语言

态度是个非常有力的武器，当你真诚地把买家的最佳利益放在心上时，他自然会以积极的购买决定来回应你的行动和态度。而良好的沟通能力是非常重要的。沟通过程中其实最关键的不是你说的话，而是你如何说话。

让我们看下面小细节的例子，来感受一下不同说法的效果：

"您"和"MM 您"比较，前者正规客气，后者比较亲切。

"不行"和"真的不好意思哦"，以及"恩"和"好的没问题："都是前者生硬，后者比较有人情味。

“不接受见面交易”和“不好意思我平时很忙，可能没有时间和你见面交易，请你理解哦”相信大家都会认为后一种语气更能让人接受。

多采用礼貌的态度、谦和的语气，就能顺利地与买家建立起良好的沟通。

13.6 要有足够的耐心与热情

常常会遇到一些买家，喜欢打破砂锅问到底的。这时候我们就需要耐心热情的细心回复，会给买家信任感。要知道爱挑剔的买家才是好买家。有些买家当所有问题问完了也不一定会立刻购买，但我们不能表现出不耐烦。就算不买也要说声“欢迎下次光临”。如果你服务好，这次不行下次有可能她还会来购买的。砍价的买家也是常遇到，砍价是买家的天性，可以理解。在彼此能够接受的范围可以适当地让一点，如果确实不行也应该婉转地回绝。比如说“真的很报歉，没能让您满意，我会争取努力改进”，或者引导买家换个角度来看这件商品让他感觉货有所值，就不会太在意价格了，也可以建议买家先货比三家。总之要让买家感觉你是热情真诚的，千万不可以说“我这里不还价”等伤害买家自尊的话语。

13.7 吸引和激励消费者二次购买

在店铺长期运营的时候，在做好新买家引流的同时，老客户的资源尤为难得，吸引老客户二次购买的方法比较多，下面就介绍一下。

1. 抵价券

抵价券是一个比较好的方式，大家可以从生活中观察一下，很多人的钱包里都会有各大商场抵价券、现金券、优惠卡等，可见这种方式还是比较受买家所欢迎的。在网上其实也一样，我们送买家一个抵价券， 20 元、30 元的，如果买家不用的话，他就是感觉浪费了很多东西，在下次购物的时候就一定先到你的店里来看看，所以这是提升买家回头率非常有效的一个方式。

调动消费冲动，因为抵价券是有时间限制的，例如一买家手里有一张马上过期的抵价券，他可能就会马上去买东西，把抵价券用掉。

2. 积分

积分这种方法相对于抵价券就要弱一点，积分就是相当于现金的回馈，没有时间和店铺限制。这个适用于那种厂家规定全网统一标价我们无法把价格降低，就可以采用积分的方式，比如说买了这个商品后反给你多少积分，基本相当于降价了，但是从表面看，价格还是比较规范的。

3. 会员卡

会员卡制作有两种，一种是按照买家交易额，另一种是按照买家交易笔数，需要我们划定一个规则，达到多少是高级会员，再到多少就是 VIP 会员。会员卡也是提升回头率的一个非常有效的方法，比如我有某个店里的会员卡，恰巧我要买的东西他的店里有，那我一定先去他的店里看一看，算一下这个折扣是不是更合适一些。

买家有了你的会员卡，下次消费你的店肯定是他的首选，可以打折，会员卡是很实用的拉回头客的工具。买家再拿到你店里的会员卡时，不仅仅是得到消费商金额的优惠，还会相应地满足自己的荣誉感，促进感情交流。

13.8 免费体验产品，刺激二次消费

在当今激烈的市场竞争中，仅靠单纯的硬性广告轰炸就能提升品牌附加价值并大获其利的时代已经过去。为此，越来越多的商家开始尝试采用体验营销模式来提高产品的市场竞争力。

1. 集赞赠送体验产品

从你所卖的产品中选择图片比较精美的，在条件允许的情况下，将产品的外包装弄得好看一些，让产品看起来比较上档次，跟市面上的同类产品区分开来。并写上一段诱人的文案，让别人一看到就想要这款产品。例如“获得 50 个‘赞’，随机抽取 2 名小伙伴，任意国家免费签证”、“转发并集‘赞’满 20 个，赠送免费精细洗车”、“收集 30 个‘赞’，可在开业期间兑换电影票一张”、“收集 30 个‘赞’可获得 30 元某品牌蛋糕店代金券一张……”。精美的产品、精心策划的文案，更容易激发好友参与互动。

2. 向好友赠送体验产品

可以向自己朋友圈中微信好友比较多的朋友，拿出一些产品给他们免费试用，并希望他们能在微信朋友圈分享自己的试用感受。这样能获得真实的产品体验反馈，有助于增加好友间的信任感。

3. 体验产品做促销活动

这是刺激顾客体验产品从而促进购买的方法，是把促销做在前面，试就送，买与不买都会送，一般都有一部分人购买，目的就达到了，送的礼品不要太差也不要太贵等。活动结束之后，要写感谢语，把感谢语和产品截图用图文并茂的形式发到朋友圈。

13.9 发掘潜在客户，激发客户成交意向

面对前来咨询的客户，应如何快速判断对方是否是潜在客户呢？如果对方只是随便跟你聊聊，根本没有要买东西的意向，那么你和他沟通就是在浪费时间。当然，对方现在不买，后期可能会买，或者会推荐自己的朋友来买，那你就可以花些时间与之沟通，解答其疑问，并给对方树立良好的形象。

1. 抛砖引玉法

先给对方抛出一个话题，问对方之前是否购买过同类产品。如果对方说之前买过，可以接着问，之前买的是什么产品品质如何，售后服务怎么样等。这个时候，如果对方能详细阐述之前的消费感受，那么这样的客户很可能是潜在客户，可以根据对方的使用感受，向其推荐相关产品。如果对方说之前没买过，但是现在想买，我们可以问对方购买的理由，如果对方说不出真实的理由，那他可能只是随便聊一聊。

2. 价格询问法

不是所有人都会成为我们的客户，在跟客户沟通的过程中，对方如果一上来就问价格，一定要做好应对的策略。可以根据自己所卖的产品定位一个目标群体。如果产品定位是中高端的，那低端的消费群体就不是我们的精准客户。另外，在与客户沟通的过程中，我们尽量不要直接谈价格，而要重点谈产品的价值。

3. 侧面追击法

有的客户本身不是最终的购买决策者，或者自己不是最终的产品消费者，购买决策可能掌握在家人的手中，这其中包家人或者朋友。此类客户本身对某个产品并无需求，而是其家庭或朋友有需求，这个时候，我们可以从侧面询问客户对产品有什么需求。如果客户拿不准该如何决定，我们可以直接与其家人或朋友沟通，这样效果会更好一些。

13.10　把询问的用户变成购买的买家

最近生意好差，问的人多，买的人却是很少……这些相信很多的新商家都遇到很多。那么，买家们为什么只是问问而不购买呢？怎样才能把这些只询问的买家变成购买的买家呢？

首先来分析买家为什么只问不买的原因：所有询问商品的买家都是对商品感兴趣且有购买意向的，之所以最终没有跟商家达成交易，归根到底也莫过于两大原因，第一个原因商品价格太贵，第二个原因对商品的质量存在疑惑。

那么，要跟这些只问不买的买家达成交易，首先就必须要把这两个问题彻底解决掉。

1. 商品价格太贵的原因

对于买家来说，大家都希望能以最少的钱淘到最好的商品。作为商家的我们也不例外，在别的店铺购买商品时同样也是抱着这个心态。所以，这时商家应该多站在买家的立场上为买家着想，能优惠的还是尽量优惠点给买家，赚多赚少也是一单生意，做成了就是一种成功。

如果价格已经是低得不能再低了，那么，也别急着跟买家说再见。所谓做一行懂一行。这时可以跟买家介绍下商品的特色、介绍商品各方面的知识，突出商品的优势和目前你的价格在市场上也是占有很大的优势，这两点是非常关键的。别小看你这番话，对于有意向要购买的买家来说，这无疑是在购买的欲望上添一把火。可能因为你的介绍，你的专业，让买家感觉到你的真诚，因此对你产生信任，且更增加了购买商品的欲望。

买家的眼睛都是雪亮的，除非他要购买的商品在市场上没有什么竞争对手，否则做到货比三家那是必不可少的。同类的商品，哪家店铺卖得便宜，哪家店铺卖得贵，可能买家比商家更清楚。精明的买家都是善于搜索，善于比较的。如果你的商品价格在市场上真的占有优势的话。买家们的心里也是知道的。

2. 对商品的质量存在疑惑

这是众多新手商家们最为头痛的问题：我的信用虽然不高，但我的商品非常漂亮，价格便宜，质量也超好。为什么买家不相信我呢？

（1）行业知识：所谓各行有各行的知识，而做一行就要懂一行。如果是卖女装的，关于女装方面的知识必须要花些时间去研究。掌握了各方面的行业知识后，才能对买家提出的问题一一解答。如果掌握不了该行的知识，买家的问题回答不上来或含糊的回答，这样买家怎么能相信你呢？所以，专业的知识是必不可少的。只有自己掌握了该行的全面知识，对买家提出的每一个问题都能够给以专业的回答。这样买家对你的信任自然会增倍。

（2）相关承诺：有些买家担心买到的商品质量不好，有些担心款式和颜色没有图片上好看等原因，而一直不敢购买。不少商家在宝贝描述里已经注明了商品退换货的承诺与规则。这是个很不错的办法，打消了买家心里的担忧，买家才会放心地购买商品。

（3）有能力的商家可以考虑加入消费者保障计划，先行赔付，你敢买我敢赔，购物更放心。

13.11 机不可失能对买家产生巨大诱惑

机会越少，越难得，人们就会越珍惜，进而使自己因为不愿意错过难得的机会而采取某种行动。这种心理效应可以达到这样一种效果，那就是：“就是它了，我绝对不会再错过了！”它几乎能够左右人们的行为，甚至改变人们原先犹豫不决的态度。

因为稀少，甚至短缺，机会才会变得很珍贵，很难得，使人们不愿意放弃。在有众多选择机会的宽松环境下，试图改变人们的行为则会变得非常不易，而在紧缺的氛围和环境中，则能够给人们造成压力，可以有效地促使其做出决定。

借助“数量有限”的短缺原理来促成销售，是一种很有效的营销方式。因为买家极易受到诱惑，是不会放弃这样的机会的。而网店客服人员需要做的就是让买家感受到自己如果不尽快购买，可能就会失去购买的机会。在这样的紧迫感和危机感的作用下，买家难舍自己喜欢的商品，必然会主动促成交易。如图 13–4 所示，借助“数量有限”来促成销售。

图 13–4 借助“数量有限”来促成销售

除了采用“数量有限”策略快速促成销售，“时间有限”策略也能达到这个效果，它会让人在短时间内，果断地做出行动。在销售中体现为：对买家获得某种商品的机会加以时间上的限制，从而利用人们害怕失去机会的心理而成功地实现销售。当获得机会的可能被渲染得越来越少，能够引起人们获得机会的欲望就会越大。如图 13–5 所示为借助“全场包邮！活动时间有限”进行快速促销。

图 13–5 借助“时间有限”进行快速促销

设置的期限越短，其短缺的效果也就越明显，而因此引起的人们的拥有欲望也就越强。在网店客服人员进行产品推销过程中是很有成效的。因为他们会告诉买家，除非现在就选择购买，否则以后再买的话，就需要支付更多的钱，甚至根本就买不到，这无疑给买家施加了高压，使其在与自我的斗争中努力地去说服自己购买。

喜欢一样东西，就害怕得不到它，网店销售人员不仅要善于增加产品对买家的吸引力，让买家真正喜欢上你的产品。还要善于制造难以得到它的紧迫氛围，让买家为了不错过难得的机会，而果断地做出决定，促使销售顺利完成。

13.12 最后机会能吸引买家尽快下单

向买家提示最后成交机会，促使买家立即购买的一种成交方法。这种方法的实质是销售人员通过提示成交机会，限制成交内容和成交条件，利用机会心理效应，增强成交这种商品今天是最后一天降价，“机不可失，时不再来”，往往在最后机会面前，人们由犹豫变得果断。

“本品牌国庆期间全部商品降价 8 折出售，今天是最后一天了，过了今天就不打折了！”

“这种商品您快买吧，这个价格今天是最后的机会了，马上又要涨价了！”

最后机会法利用人们怕失去能得到某种利益的心理，能够引起买家对购买的注意力，极大刺激了买家购买欲望，避免买家在成交时再提出各种异议。可以在买家心理上产生一种“机会效应”，把他们成交时的心理压力变成成交动力，促使他们主动提出成交。同时也伴随向买家提供一定的优惠条件而促成成交的一种方法。这种方法实际上是对买家的一种让步，主要满足买家的求利心理动机。但是，运用此法要求必须实事求是，不能欺骗和愚弄买家，否则势必影响店铺的信誉和买家对店铺的信任。

最后机会法通过向买家提供优惠成交条件，有利于巩固和加深买卖双方的关系，对于较难推销的商品，能够起到有效的促销作用。

13.13 怎样写描述能更吸引买家

在网上做买卖，最重要的是如何把自己的商品信息准确的传递给买家。在网上购物，影响买家是否购买的一个重要因素就是商品描述。在填写商品描述信息时注意如下几个方面。

（1）商品名称描述清晰。大部分卖家都能做到这一步，也是必须要做到的，因为买家只能凭借图片来判断卖的是什么。

（2）介绍详细的商品信息。商品图片不能反映的信息包括材料、产地、售后服务、生产厂家、商品的性能等。对于相对于同类产品有优势和特色的信息一定要详细地描述出来，这本身也是产品的卖点。

（3）商品自身特征要突出。例如，“做工精致”、“防水透气徒步鞋、真皮减震防滑”、“美国原装进口”等特征，都为商品增色不少，当然每个卖家在描述自家商品特征的时候要从自身实际情况出发，不要一味模仿，而要想清楚自己商品的特征和卖点在哪里，再总结出来呈现给买家。

（4）买家利益点鲜明。例如，“包邮”、“微店独家”等，能直接让买家感觉到占了便宜，下单的成功率自然会更高。

（5）购买联系方式，尽量降低买家因咨询需求产生的流失。可添加微信、电话号码、QQ 号码等。

（6）参考同行网店。看看他们的商品描述是怎么写的。特别要重视同行中做得好的网店。

13.14 如何让微店热卖——优先推广你的店铺

微店热卖是口袋购物旗下网上交易平台，提供各类服饰、美容、家居、母婴等上亿款物美价廉商品，同时提供担保交易（先收货后付款）、货到付款、七天无理由退换货等安全。这里不但给各位卖家朋友带来大量免费流量，也让习惯电脑网购的买家更方便快捷地购买商品。如图 13-6 所示为微店热卖页面。

图 13-6 微店热卖页面

在微店热卖上，如何让更多买家找到自己的商品或者店铺？如何让自己的商品在搜索排名中优化被展示？

（1）微店热卖搜索排名排序是按照：商品在微店热卖的销售数量 > 商品查看量 > 商品收藏人数 > 商品图片质量 > 卖家信誉 > 卖家店铺商品数 > 卖家店铺浏览量等指标来进行商品排序的。因此，商品在微店热卖上的销售量和被买家查看次数是排名靠前的重要因素。如图 13-7 所示为销售量和收藏量高的排名靠前的商品。

图 13-7 销售量和收藏量高的排名靠前的商品

（2）标题的优化，一定要简明扼要，格式规整。如果有包邮、特价等优惠信息也可以加以标注。切记不要为了宝贝标题而忽视了商品本身的属性，例如宝贝是羽绒服，而宝贝标题确是“外套 保暖大衣 产地：上海”，这样新买家肯定会看不明白，也觉得卖家不够用心，当然也不会优先选择这款商品了。

（3）产品图片一定要做好，产品图片要清晰，最好有底色，现在都是清一色的白板太单调，切记不要添置文字和水印，否则会被系统诊断为牛皮癣而下线。如图 13-8 所示为美观的产品图片。

图 13-8　美观的产品图片

（4）价格一定要有优势，可以选择免费包邮或则价格比同类商品低几元钱，官方搞特卖活动的时候，就会优先选择你的。

13.15　提升商品点击率，让商品在手机端脱颖而出

买家在列表页看到一堆商品的时候，如何让买家一眼就看到你的商品并且点击你的商品，提升点击率，可以从下面的方面优化。

（1）优化选品：商品要选择优质新品和优质畅销款。以服饰女装为例，选的商品最好是适合年轻女性，年龄在 18~28 岁左右，衣服的风格上，选当下年轻女性喜欢的日韩系风格，选取款式不要是那种常常看到的偏老气的款式。优质新品和优质畅销款如图 13-9 所示。

（2）在商品列表中如何让用户第一眼就看到你的商品，在手机上屏幕大小有限，最重要的就是商品的图片。千万不要用淘宝上面的图片优化的经验来做手机端，因为是完全不同的两个场景。在电脑平台上商品主图一般是正方形的比较好，而手机是竖长条的，如果正方形的主图商品在手机端获得不了更大的优势，你要跟上手机端的趋势，商品主图为竖长条形，在图片展示可以占更大地盘，获得更多的关注和点击。如图 13-10 所示为商品主图呈竖长条形。

图 13-9 优质新品和优质畅销款

图 13-10 商品主图呈竖长条形

（3）商品主体充满整个画面，更容易一眼就被抓住。模特儿有没有头脸不是最关键的，那种商品主体占主图区域很小、周边还有很多杂乱信息的，基本不会有好效果。如图 13-11 所示为主体充满整个画面。

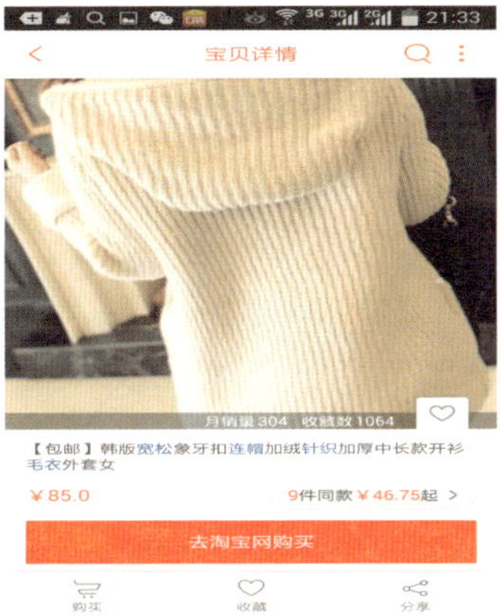

图 13-11 主体充满整个画面

（4）要求图片明亮、清晰，背景简单不杂乱，如图 13-12 所示。

（5）细节图突出，商品在图片中的所占的比例大，如图 13-13 所示。

图 13-12 图片明亮、清晰

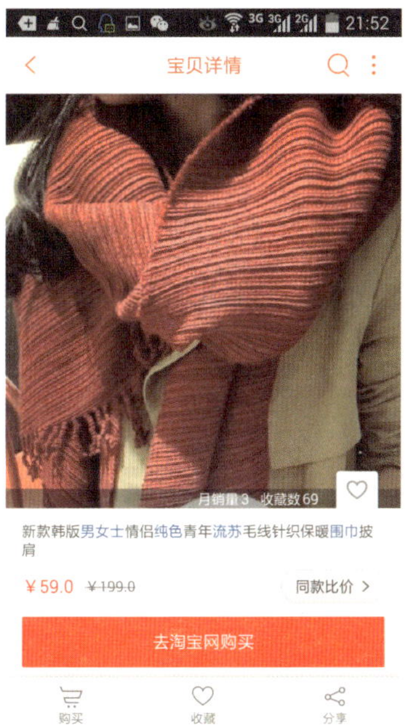

图 13-13 细节图突出

（6）千万别拼图，手机就那么大，一张图看明白就已经不容易了，好几张拼在一起容易显得混乱。如图 13-14 所示，这样的拼图是失败的。

图 13-14 失败的拼图示例

（7）明星同款可以有，但是不要过分突出明星，重点是要突出商品本身。

第 14 章　微店创业成功案例

进入了网络信息迅速发展的 21 世纪之后，我们会发现网络给我们的生活带来了的变化，网络购物也日渐火爆。与此同时，许多网店也如雨后春笋般林立于各大网站。之前做阿里巴巴、淘宝的，如今都是满载黄金归了，而微店也伴随着时代的脚步，紧跟着市场的潮流出现在我们的生活中，并以其自身特有的优势，赢得了广大创业者的青睐。据统计，自微店创建以来，短短几个月的时间，已有 1000 多万的用户开了微店。

14.1 微希护肤品微店

WIS（微希）成立于 2010 年，这是一家成功的从淘宝营销转微博营销再到微信营销的商家，“为年轻而生，以拯救年轻肌肤为己任”，是国内最热销护肤品牌之一。致力于为年轻人的常见皮肤问题如痘痘、粉刺、黑头、粗大毛孔、油光以及痘痘遗留的痕印等提供全面、安全的解决方案。

早期的 WIS 依托淘宝店进行销售，后来开始新浪微博运营，WIS 微博营销主要做的是利用名人微博效应带动企业微博，让微博红人的知名度来得到消费者的关注和了解，通过微博这样一个媒介让那些红人的粉丝进一步去了解及喜欢上这个产品。目前 WIS 的粉丝已经达到 3530524 人，如图 14-1 所示。

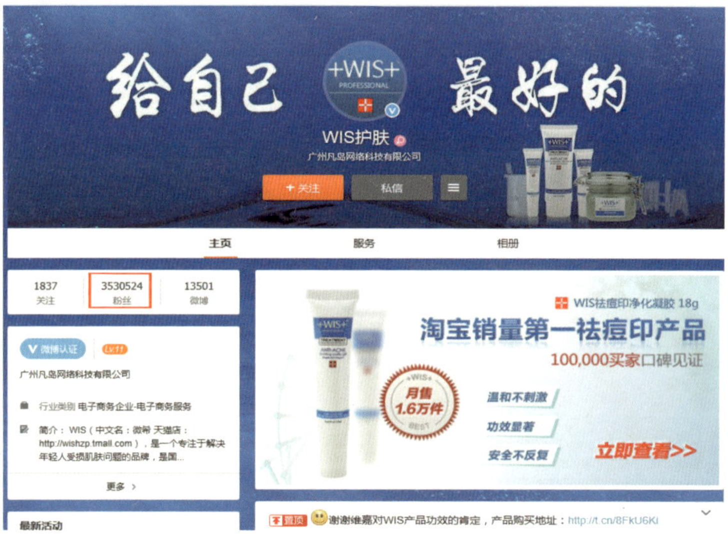

图 14-1 WIS 微博营销

而且 WIS 的产品互动做得非常好，明星粉丝在微博上的活跃为其带来的商业价值不可小觑，发一条微博就有好几万，利用碎片时间就能操作。一个 @ 李维嘉的话题“越成长，越青春，越青春越不要痘！”可以 80011 次转发和 44793 个评论，如图 14-2 所示，由此可见一斑，其微博运营还是相当成功的。

图 14-2　明星粉丝的互动

现在玩微信的人越来越多，大家在上面所花的时间也是越来越多，渐渐的微信成为了社交工具的主流。作为商家，WIS 也建立了自己的微店，如图 14-3 所示。

图 14-3　WIS 护肤微店

WIS 护肤的微店日均订单达到几百单，活动订单可以达到 5000 单以上甚至上万单。微信上不是没有流量么，WIS 又是怎么做到的呢？

WIS 在口袋通免费开通了微信店铺，顾客只需要使用微信就可以更方便、更随时的购买到产品。同时微信在分享信息方面也是非常方便，分享给朋友或者是朋友圈，简单点两下就可以了，这样有利于口碑营销。开微店的同时，通过微店促销活动，如图 14–4 所示，把一些意向的粉丝积累并沉淀下来，拥有粉丝，就是拥有流量。

图 14–4 开展促销活动

WIS 的服务号的粉丝数目前已经超过 30 多万，WIS 微信运营团队现在有三人：一人负责私信回复，充当客服工作；一人负责订单处理，还有售后工作（还兼顾其他平台的）；一人负责运营与内容维护。在微信服务号中通过签到提高微信的整体活跃度。这个签到很重要，能让服务号一直呈现在微信列表的前面，这样粉丝在每次打开微信都能看到 WIS 的微信 Logo。有曝光，自然就会有成交。WIS 还设定一个为医生的角色，给每一个过来咨询肌肤护理的顾客都提供全面的护肤建议，这样提高了粉丝的粘度和忠诚度，从而实现了粉丝营销！如图 14–5 所示为 WIS 微信服务号的签到活动。

微信平台是天然的 CRM 平台，因此 WIS 可以充分利用起 300 多万粉丝的优势，通过引入电商信息化系统，充分利用数据挖掘，整合各平台的数据及客户数据，实现精准营销。

图 14–5　WIS 微信服务号的签到活动

14.2　潮人开微店首月进账 8 万元

小逸子是一家旅行社的导游兼销售人员，还曾被评为全国百名优秀导游员。依靠微信朋友圈，一个月卖出 8 万元的货。

1. 代购“代”成微店“小老板”

因为工作关系她走遍了国内外的旅游景点，也品尝过无数国内外的美食，每次带团回来，都有不少客户和朋友托她代购一些当地的特产。“我们的工作淡旺季很明显，过了节假日和寒暑假就比较清闲。有朋友给我出主意，让我开个微店，把平时代购的美食、化妆品等商品在微信朋友圈里销售，我尝试着做了起来，没想到效果还挺好。”小逸子说，就是做导游时的代购经历，让她在选择产品上更有优势。

2. “试水”首月进账 8 万

小逸子在微信朋友圈里的商品种类不少，如图 14–6 所示，主要是来自世界各地的美食、化妆品和日用品。有台湾的护肤品、越南的椰子冻、泰国的金榴莲、丹东的大草莓……今年 1 月 4 日小逸子的微店开张，到现在刚刚一个多月的时间，营业额就已经突破 8 万元。

由于微店刚刚做起来，所有的工作都是自己亲力亲为，从选商品到联系货源，再到发布产品信息，随时统计订货量，跟踪货物运输情况，通知客户提货，发布用户反馈。

图 14-6 微信里的商品

3. 锁定有效客户最重要

“做生意就要服务至上。”小逸子说，虽然她在微信圈的营销已初具成效，但在服务上还差很远。由于是兼职，再加上暂时没车，客户只能自提货物，这给客户带来了不便。

“下一步，我希望尽可能实现送货上门，让客户有更好的购物体验。”她说。 自从开始做微店以来，小逸子每天不管多忙，也要学习一些营销方面的知识，尤其是关于网络营销和微信营销方面的，使自己能够做得更好。

很多人都说在微信圈发布产品信息是“杀熟”，会引起不少好友的反感。但小逸子却不这么认为，现在她的微信圈里好友已经达到 1000 多人，这些人有的是同事和朋友，更多的是买了产品的微友推荐来的好友。她表示，微信圈里的好友不在多，重要的是要锁定有效客户，也就是对自己产品感兴趣的客户，这部分人才是她真正需要服务的对象。

4. 请给“微商”点个赞

无论大众对“朋友圈”变成“生意圈”如何吐槽，恐怕都难以改变这一趋势的形成——一个既没有门槛又很有“钱景”的创业新径、网销渠道和商业模式受到“追捧”是必然的。

把微信作为平台的营销方式有两种，一是公众账号，另一种是朋友圈推广，微商一般指的是利用朋友圈做生意的人。据一项调查显示，近九成人的朋友圈里有微商，朋友圈已经成为 80 后、90 后非常热衷的创业平台。

最近，她还在不断丰富微店产品的种类，为微友们提供更多的选择，并根据不同节日推出特色商品。例如，在到来的“圣诞节”前夕，她就推出了手工饼干和鲜花礼盒两款新产品，由于造型新颖，样式独特，一上线订购的人就特别多。“虽然产品在不断丰富，但我保证每一样产品都经过精挑细选，都经过自己试用和试吃，我销售精品的宗旨不会改变。”

14.3 工程师辞职拍拍开微店，日营业额突破 10 万

一米风尚电子商务有限公司 经销批发的女装、女装畅销消费者市场，在消费者当中享有较高的地位，公司与多家零售商和代理商建立了长期稳定的合作关系。一米风尚电子商务有限公司经销的女装、女装品种齐全、价格合理。在拍拍微店刚开业不到一个月，日营业额突破 10 万，90% 的订单来自移动端。如图 14-7 所示为拍拍网上的一米风尚女装店。

用微信扫一扫二维码即可进入一米风尚的拍拍微店，如图 14-8 所示。

2014 年 6 月，刘洪带领着一米风尚十几个人的团队正式移居新拍拍，与其他电商布局淘宝、一号店、美丽说等多个渠道不同，刘洪一直坚持只做拍拍网的运营。拍拍用户年轻化趋势明显，且购物冲动性高，这是一个值得大力投资的平台。相

比较而言，QQ 的用户与拍拍的受众特别吻合，都趋向年轻化，购物冲动特别明显。而微信公众号是因为微信支付的魔力，非常便捷，能够刺激大家的消费欲望，如图 14-9 所示利用微信公众号获取打折、送礼和福利信息。

图 14-7 拍拍网上的一米风尚女装店

图 14-8 一米风尚的拍拍微店

刘洪将 80% 的运营力量调配到移动端，并开始投放移动端的广告。之前 PC 端广告投放 1 万元能带来 3 万元的销售额，而在移动端，轻易就达到了 1 ∶ 5，甚至 1 ∶ 6 的收益率。

行业女装店铺很需要流量，消费者在网购衣服等产品的时候更加看重的是时尚和潮流，日常需要大量的广告支撑来保持流量。因此刘洪在进入拍拍微店之后，马上开始各种移动广告的尝试。刘洪曾经尝试过手机腾讯新闻文字链、移动联盟 APP、微信公众账号和手 Q 空间等多种移动端广告投放模式，但综合来看，微信公众号广告和手 Q 空间 feed 广告的投放收益率最高，如图 14-10 所示 QQ 空间的广告。低成本高回报的营销价值是每一个广告主最重要的诉求，从目前的效果来看，Feed 广告在腾讯的社交产品 QQ 空间上取得了不俗的效果。

在经历多次的尝试后，刘洪锁准了手 Q 空间 feed 和微信公众号的广告投放，在 2014 年 9 月 10 日拍拍微店内测试运营之时，刘洪当天就开通了微店的运营，目前拍拍店铺的卖家都可以实现一键开店和一键上新，并实现 PC 端和移动端的同步更新。拍拍微店绝对是个惊喜，平均每天 1 万的投入，连续几天取得 10 万的销售额，投入产出比达到 1 ∶ 8，远超过其他平台。

拍拍后台能够很好地把在拍拍购物的人群定向区分，这是别的平台所不具有的，而且 PC 端和移动端可以同一后台运营，便捷方便，同时由于和腾讯的渊源，投放腾讯移动端广告成本非常低廉，总体来看投入产出比更高。微信公众账号的绑定和拍拍平台广告工具的策略型应用是一米风尚取得傲人成绩的关键。

图 14-9 利用微信公众号获取打折、送礼信息

图 14-10 QQ 空间的广告

14.4 特步试水微店，传统商业的新营销时代

微店是一个全新的电商模式，新平台，是一片很大的电商蓝海，需要优秀的供应商参加到这个战场中。特步是时尚运动第一品牌，在供应链、生产、物流、服务方面，是不折不扣的优质商家，相比其他平台，其品类定位十分适合微店的用户群体，特步全品类产品的导入，为微店用户提供了很好的上游资源，也为微店消费者提供了高质低价的产品，为未来发展提供了强有力的支撑。如图 14–11 所示为特步微店。

特步是品牌原厂，特步对微店模式的选择，其要点并非获得销售订单，每天增加几百甚至几千单，对特步来说都只是九牛一毛，类似这样的商家想获得的其实是网络渠道，渠道是框架性的，是线和面，即零售是点，线和面才有扩展性，才有积累。微店将在网络渠道，分销资源方面，全面为特步导入资源。

对于微店模式，从创业者角度而言，这无疑是一次屌丝逆袭的机会。首先，微店是一个零门槛的创业平台，就算没有实业经验，也没有电商经验，没有仓库物流经验，也能游刃有余。特步集团已经整理好全部所需素材，帮创业者选好合理的货品组合，不需要承担库存风险，同时也确保了价格优势和质量保证。无论是学生、自由职业、还是上班族均可利用碎片的时间，通过微博、微信、博客、BBS论坛等推广，抢占先机，创造财富。

图 14-11 特步微店

如图 14-12 和图 14-13 所示特步官方旗舰店采取的促销活动。

图 14-12 晒单

图 14-13 为他许愿

这是一次对传统商业的革命，全民皆商，大家都来做老板。当所有电商平台还在零售环节提供服务，移动电商早已经在渠道环节重点发力，让无数微电商来帮你推销产品。